드림중국어 중국 인기 노래 100

梦想中国语 中国流行歌曲 100

드림중국어 중국 인기 노래 100
梦想中国语 中国流行歌曲 100

초판 1 쇄 발행 2018 년 11 월 11 일

편저: 류환 (치欢)
디자인: 曹帅

발행인: 류환
발행처: 드림중국어
주소: 인천 서구 청라루비로 93, 7 층 703 호
전화: 032-567-6880
이멜: 5676880@naver.com
등록번호: 654-93-00416
등록일자: 2016 년 12 월 25 일

ISBN: 979-11-88182-56-5 (13720)
값: 35,800 원

이책은 저작권법에 따라 보호받는 저작물이므로 무단복제나 사용은 금지합니다. 이 책의 내용을 이용하거나 인용하려면 반드시 저작권자 드림중국어의 서면 동의를 받아야 합니다.
잘못된 책은 교환해 드립니다.

<영상 무료 보기!>

이 책에 관련된 모든 영상은 드림중국어학원 카페(http://cafe.naver.com/dream2088)를 **회원 가입** 한 후 무료로 보실 수 있습니다.

 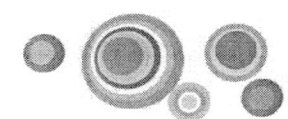

<목 록>

1. 甜蜜蜜 tián mì mì 달콤해요 ... 1
2. 月亮代表我的心 yuèliàng dàibiǎo wǒ de xīn 저 달빛이 내 마음이에요 ... 3
3. 男儿当自强 nán'ér dāng zìqiáng 사나이 대장부 ... 5
4. 茉莉花 mò lì huā 재스민 ... 7
5. 朋友 péng you 친구 ... 9
6. 夜来香 yè lái xiāng 야래향 ... 11
7. 笑红尘 xiào hóngchén 속세에 웃음을 지으며 ... 13
8. 但愿人长久 dàn yuàn rén cháng jiǔ 그대와 오래 함께 하길 바랄 뿐 ... 15
9. 听海 tīng hǎi 바다를 듣다 ... 17
10. 中国话 zhóng guó huà 중국어 ... 19
11. 至少还有你 Zhìshǎo hái yǒu nǐ 적어도 당신이 있으니 ... 25
12. 童话 tóng huà 동화 ... 27
13. 勇气 yǒng qì 용기 ... 29
14. 老鼠爱大米 lǎo shǔ ài dà mǐ 쥐가 쌀을 좋아해 ... 31
15. 盛夏的果实 shèng xià de guǒ shí 한 여름의 과일 ... 33
16. 双节棍 shuāng jié gùn 쌍절곤 ... 37

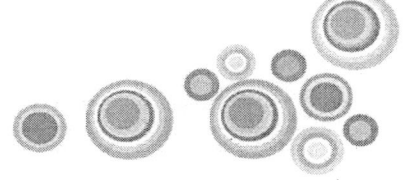

17. 最爱上海滩 zuì ài shànghǎitān 내 사랑 상해탄 41

18. 他一定很爱你 tā yídìng hěn ài nǐ 그가 반드시 널 엄청 사랑해 줄거야 43

19. 小城故事 xiǎochéng gùshì 작은 도시의 이야기 45

20. 有多少爱可以重来 yǒu duōshǎo ài kěyǐ chónglái 얼마나 많은 사랑이 다시 올 수 있을 까 46

21. 对面的女孩看过来 duìmiàn de nǚhái kàn guò lái 맞은 편의 아가씨 여길 봐요 48

22. 我的歌声里 wǒ de gēshēng lǐ 내 노래 속에 50

23. 我们不一样 wǒ men bù yí yàng 우리는 달라 52

24. 青花瓷 qīng huā cí 청화기 54

25. 小幸运 xiǎo xìng yùn 작은 행운 57

26. 历史的天空 lì shǐ de tiān kōng 역사의 하늘 60

27. 野子 yě zǐ 야자 62

28. 假行僧 jiǎ xíng sēng 가행승 65

29. 后来 hòu lái 나중에 68

30. 独角戏 dú jiǎo xì 모모 드라마 71

31. 不仅仅是喜欢 bù jǐn jǐn shì xǐ huān 내가 널 좋아하는 것을 73

32. 一次就好 yí cì jiù hǎo 한 번이면 돼 76

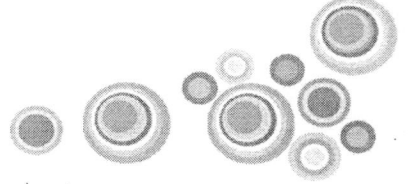

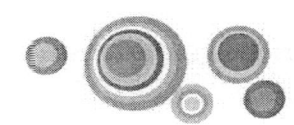

33. 丑八怪 chǒu bā guài 못난이 78

34. 那些年 nà xiē nián 그 시절 81

35. 大鱼 dà yú 큰 물고기 84

36. 成都 chéng dū 청두 86

37. 董小姐 dǒng xiǎo jiě 동 아가씨 88

38. 往后余生 wǎng hòu yú shēn 남은 인생 91

39. 当我想你的时候 dāng wǒ xiǎng nǐ de shí hòu 한데 네 생각이 날 때 93

40. 沧海轻舟 cāng hǎi qīng zhōu 푸른 바다 위에 있는 가벼운 배 96

41. 把酒倒满 bǎ jiǔ dào mǎn 술을 가득 따라라 97

42. 思念谁 sī niàn shuí 누군가를 그리며 99

43. 女人花 nǚ rén huā 여인 꽃 101

44. 生活不止眼前的苟且 shēng huó bù zhǐ yǎn qián de gǒu qiě 삶에는 눈 앞의 구차함만 있는 것이 아니다 104

45. 夜空中最亮的星 yè kōng zhōng zuì liàng de xīng 밤 하늘에 가장 빛나는 별 107

46. 何以爱情 hé yǐ ài qíng 무엇으로 사랑을 하나 109

47. 春风十里 chūn fēng shí lǐ 봄바람 십리 112

48. 借我 jiè wǒ 빌려 주세요 114

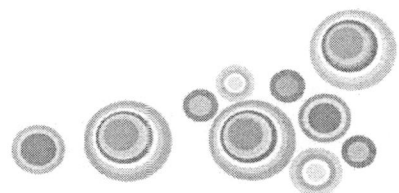

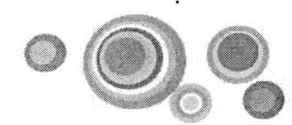

49. 我们好像在哪见过 wǒmen hǎoxiàng zài nǎ ér jiànguò 우리 어디서 봤지? 116

50. 爱，很简单 ài hěn jiǎn dān 사랑은 매우 간단해..........................119

51. 爱的代价 ài de dài jià 사랑의 대가...122

52. 行歌 xíng gē 가면서 노래하다...124

53. 漂洋过海来看你 piāo yáng guò hǎi de lái kàn nǐ 바다를 건너 당신을 만나러 왔어요...128

54. 梅雨 méi yǔ 장마..130

55. 领悟 lǐng wù 깨달음..132

56. 给自己的歌 gěi zì jǐ de gē 자신에게 준 노래..............................135

57. 征服 zhēng fú 정복..139

58. 若不是那次夜空 ruò bú shì nà cì yè kōng 그 밤의 하늘이 아니었다면 141

59. 默 mò 침묵..144

60. 小苹果 xiǎo píng guǒ 작은 사과..146

61. 海草舞 hǎi cǎo wǔ 해초춤...149

62. 当你老了 dāng nǐ lǎo le 당신이 늙어지면..................................152

63. 中学时代 zhōng xué shí dài 학창 시절..154

64. 那些花儿 nà xiē huā ér 그 꽃들..156

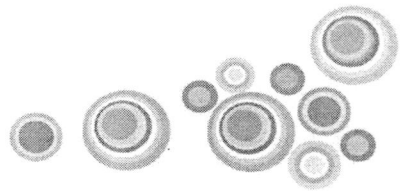

65. 卷珠帘 juǎn zhū lián 권주렴 159

66. 十年 shí nián 10 년 161

67. 你是我的眼 nǐ shì wǒ de yǎn 당신은 나의 눈이에요 164

68. 刚好遇见你 gāng hǎo yù jiàn nǐ 내가 딱맞게 너를 만났으니까 167

69. 你的背包 nǐ de bēi bāo 너의 가방 169

70. 追光者 zhuī guāng zhě 빛을 쫓는 이 171

71. 凉凉 liáng liáng 쌀쌀해 173

72. 年轮说 nián lún shuō 연륜설 177

73. 突然好想你 tū rán hǎo xiǎng nǐ 갑자기 네가 너무 그리워ㅡ 180

74. 泡沫 pào mò 거품 182

75. 李白 lǐ bái 이태백 185

76. 橄榄树 gǎn lǎn shù 올리브 나무 188

77. 他不懂 tā bù dǒng 그는 몰라 190

78. 沧海一声笑 cāng hǎi yì shēng xiào 바다가 웃으니 192

79. 悟空 wù kōng 손오공 194

80. 老神仙 lǎo shén xiān 노신선 197

81. 学猫叫 xué māo jiào 고양이 소리를 따라해 보자 200

82. 红豆 hóngdòu 팥 202

83. 魔鬼中的天使 móguǐ zhōng de tiānshǐ 악마 중의 천사......................204

84. 时光谣 Shíguāng yáo 시간 노래......................207

85. 五环之歌 wǔ huán zhī gē 오환의 노래......................209

86. 情歌 qíng gē 사랑 노래......................214

87. 情人的眼泪 qíng rén de yǎnlèi 연인의 눈물......................219

88. 千年等一回 Qiānnián děng yì huí 천년의 기다림......................221

89. 夜上海 yè shànghǎi 밤의 상하이......................223

90. 玫瑰玫瑰我爱你 méiguī méiguī wǒ ài nǐ 장미, 장미, 너를 사랑해......................225

91. 好久不见 hǎojiǔ bújiàn 오랜만이에요......................227

92. 因为爱情 yīnwèi àiqíng 사랑하기에......................229

93. 传奇 chuánqí 레전드......................231

94. 洋葱 yángcōng 양파......................233

95. 时间都去哪儿了 shíjiān dōu qù nǎ'er le 시간은 다 어디로 갔을까......................236

96. 嘀答 Dīdā 똑똑 떨어지다......................238

97. 一生有你 yì shēng yǒu nǐ 일생에 네가 있다......................240

98. My sunshine......................242

99. high 歌 High gē HIGH 가......................245

100. 青春 Qīngchūn 청춘......................247

1. 甜蜜蜜

tián mì mì

甜蜜蜜	tián mì mì
你笑得甜蜜蜜	nǐ xiào de tián mìmì
好像花儿开在春风里	hǎo xiàng huā ér kāi zài chūnfēng lǐ
开在春风里	kāi zài chūn fēng lǐ
在哪里	zài nǎ lǐ
在哪里见过你	zài nǎ lǐ jiàn guònǐ
你的笑容这样熟悉	nǐ de xiào róng zhè yàng shóu xī
我一时想不起	wǒ yì shí xiǎng bù qǐ
啊 在梦里	ā zài mèng lǐ
梦里 梦里见过你	mèng lǐ mèng lǐ jiàn guò nǐ
甜蜜 笑得多甜蜜	tián mì xiào de duō tián mì
是你 是你	shì nǐ shì
梦见的就是你	nǐ mèng jiàn de jiùshì nǐ

(반복)

달콤해요

달콤해요,

당신의 웃음이 정말 달콤하네요,

마치 봄 바람에 피는 꽃과 같아요.

꽃이 봄 바람에 피어 있어요.

어디에서,

어디에서 당신을 만났을 까요?

당신의 미소가 이렇게 낯익은데

도저히 기억이 안 나네요.

아! 꿈에서였어요!

꿈에서, 꿈에서 당신을 봤군요,

달콤해요,

당신의 미소가 너무나도 달콤하네요.

당신이었군요, 당신이었군요,

꿈에서 본 사람은 바로 당신이었군요.

(반복)

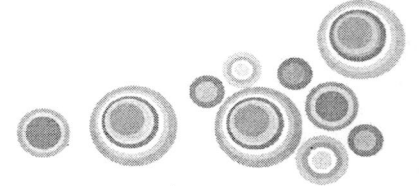

2. 月亮代表我的心

yuèliàng dàibiǎo wǒ de xīn

你问我爱你有多深	Nǐ wèn wǒ ài nǐ yǒu duō shēn
我爱你有几分	wǒ ài nǐ yǒu jǐ fēn
我的情也真 我的爱也真	wǒ de qíng yě zhēn wǒ de ài yě zhēn
月亮代表我的心	yuèliàng dàibiǎo wǒ de xīn
你问我爱你有多深	Nǐ wèn wǒ ài nǐ yǒu duō shēn
我爱你有几分	wǒ ài nǐ yǒu jǐ fēn
我的情不移 我的爱不变	wǒ de qíng bù yí wǒ de ài bú biàn
月亮代表我的心	yuèliàng dàibiǎo wǒ de xīn
轻轻的一个吻，	qīng qīng de yígè wěn,
已经打动我的心	yǐjīng dǎdòng wǒ de xīn
深深的一段情，	shēn shēn de yíduàn qíng,
叫我思念到如今	jiào wǒ sīniàn dào rújīn
你问我爱你有多深，	Nǐ wèn wǒ ài nǐ yǒu duō shēn,
我爱你有几分	wǒ ài nǐ yǒu jǐ fēn
你去想一想 你去看一看	nǐ qù xiǎng yì xiǎng nǐ qù kàn yí kàn
月亮代表我的心	yuèliàng dàibiǎo wǒ de xīn

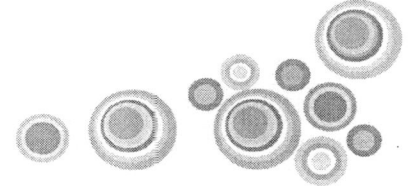

저 달빛이 내 마음이에요

내가 당신을 얼마나 깊이 사랑하냐고,

얼마나 많이 사랑하냐고

당신은 내게 물었죠.

내 감정도 내 사랑도 진심이에요,

저 달빛이 내 마음이에요.

내가 당신을 얼마나 깊이 사랑하냐고,

얼마나 많이 사랑하냐고

당신은 내게 물었죠.

내 감정은 바꾸지 않을 거에요.

내 사랑은 변하지 않을 거에요.

저 달빛이 내 마음이에요.

부드러운 입 맞춤은 이미 내 마음을 흔들렸어요.

그 동안 쌓인 깊은 감정이 여전히 당신을 그립게 하는군요.

내가 당신을 얼마나 깊게 사랑하냐고,

얼마나 많이 사랑하냐고

당신은 내게 물었죠.

한 번 생각해 보세요.

한 번 보러 가세요.

저 달빛이 내 마음이에요.

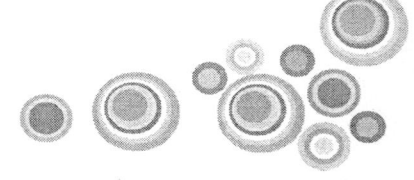

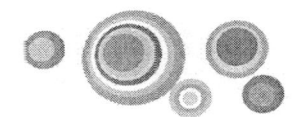

3. 男儿当自强 nán'ér dāng zìqiáng

傲气面对万重浪	Àoqì miàn duì wàn zhòng làng,
热血像那红日光	rèxuè xiàng nà hóng rìguāng
胆似铁打 骨如精钢	dǎn shì tiědǎ gǔ rú jīng gāng,
胸襟百千丈	xiōngjīn bǎi qiān zhàng
眼光万里长	yǎnguāng wànlǐ cháng
我发奋图强 做好汉	wǒ fāfèn tú qiáng zuò hǎohàn
做个好汉子 每天要自强	zuò gè hǎohànzi měitiān yào zìqiáng
热血男儿汉 比太阳更光	rèxuè nán'ér hàn bǐ tàiyáng gèng guāng
让海天为我聚能量	ràng hǎitiān wèi wǒ jù néngliàng
去开天辟地 为我理想去闯	qù kāi tiān pì dì wèi wǒ lǐ xiǎng qù chuǎng
看碧波高壮	kàn bìbō gāo zhuàng
又看碧空广阔浩气扬	yòu kàn bìkōng guǎngkuò hàoqì yáng
我是男儿当自强	wǒ shì nán'ér dāng zìqiáng
昂步挺胸	áng bù tǐng xiōng
大家做栋梁 做好汉	dàjiā zuò dòngliáng zuò hǎo hàn
用我百点热 照出千分光	yòng wǒ bǎi diǎn rè zhào chū qiān fēnguāng
做个好汉子	zuò gè hǎo hànzi
热血热肠热 比太阳更光	rèxuè rècháng rè bǐ tàiyáng gèng guāng

사나이 대장부

패기는 만근의 파도에 맞서고

끓는 피는 저 붉은 태양과 같이 빛나네.

담력은 단련된 무쇠, 뼈는 정련한 강철

가슴엔 거대한 포부, 눈빛은 끝없이 멀리

나는 온 마음으로 사나이가 되리라

사나이라면 늘 스스로 강해져야 하고

열혈 남아는 태양보다 빛나야 하는 법

바다야, 하늘아, 내게 힘을 모아 주소서

내가 천지를 개벽하리라 내 꿈을 위해 뛰어들리라

웅장한 푸른 파도를 보면서

광활한 쪽빛 창공을 보면서

호연지기를 키우노라

나는 마땅히 스스로 강해지는 사나이 대장부

늠름한 걸음으로 가슴을 펴고 모두의 기둥으로써 멋진 사나이가 되리라

나의 들끓는 열정으로 온 세상에 빛을 밝히리라

사나이가 되리라 온몸의 뜨거운 피로 태양보다 더 빛나리라

4. 茉莉花

mò lì huā

好一朵茉莉花，好一朵茉莉花

满园花开 香也香不过她

我有心采一朵戴，

又怕看花人将我骂。

好一朵茉莉花，好一朵茉莉花

茉莉花开 雪也白不过她

我有心采一朵戴，

又怕旁人笑话

好一朵茉莉花，好一朵茉莉花

满园花开 比也比不过她，

我有心采一朵戴，

又怕来年不发芽

Hǎo yì duo mò lì huā, hǎo yì duo mò lì huā,

mǎn yuán huā kāi xiāng yě xiāng búguò tā,

wǒ yǒu xīn cǎi yì duo dài,

yòu pà kàn huā rén jiang wo mà.

Hǎo yì duo mò lì huā, hǎo yì duo mò lì huā

Mò lì huā kāi xuě yě bái bú guò tā,

wǒ yǒu xīn cǎi yì duo dài,

yòu pà páng rén xiào huà.

Hǎo yì duo mò lì huā, hǎo yì duo mò lì huā,

mǎn yuán huā kāi bǐ yě bǐ bù guò tā

wǒ yǒu xīn cǎi yì duo dài,

yòu pà lái nián bù fā yá.

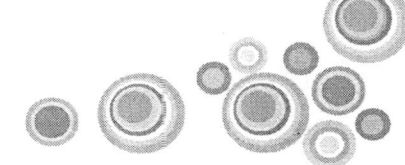

재스민

정말 아름다운 재스민 한 송이가 있다,

정말 아름다운 재스민 한 송이가 있다,

정원에 모든 꽃이 피어나도

재스민의 향기를 이길 수 없네

난 한 송이를 따서 머리에 쓰고 싶지만

꽃을 돌보는 사람이 화낼까 봐 두렵네

정말 아름다운 재스민 한 송이가 있다,

정말 아름다운 재스민 한 송이가 있다,

재스민 꽃이 피면 겨울의 눈보다 더 하얗네

난 한 송이를 따서 쓰고 싶지만

남들이 웃을까 봐 두렵네

정말 아름다운 재스민 한 송이가 있다,

정말 아름다운 재스민 한 송이가 있다,

정원에 모든 꽃이 피어나도

재스민의 아름다움을 이길 수 없네

난 한 송이를 따서 쓰고 싶지만

내년에 싹이 나오지 않을까 봐 두렵네

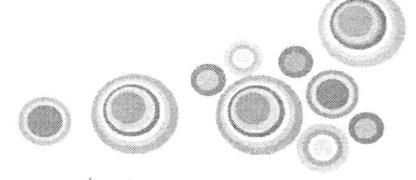

5. 朋友

péng you

这些年 一个人 风也过 雨也走	zhèxiē nián yígè rén fēng yěguò yǔ yě zǒu
有过泪 有过错	yǒuguò lèi yǒu guòcuò
还记得 坚持什么	hái jìdé jiānchí shénme
真爱过 才会懂 会寂寞 会回首	zhēn'àiguò cái huì dǒng huì jìmò huì huíshǒu
终有梦 终有你 在心中	zhōng yǒu mèng zhōng yǒu nǐ zài xīnzhōng
朋友一生一起走	péng you yìshēng yìqǐ zǒu
那些日子不再有	nàxiē rìzi bu zài yǒu
一句话 一辈子 一生情 一杯酒	yíjù huà yíbèizi yìshēng qíng yìbēi jiǔ
朋友不曾孤单过	péng you bùcéng gūdānguò
一声朋友你会懂	yìshēng péng you nǐ huì dǒng
还有伤 还有痛	hái yǒu shāng hái yǒu tòng
还要走 还有我	hái yào zǒu hái yǒu wǒ

친 구

그 동안 내가 혼자 살면서 비 바람을 많이 맞았지

눈물도 흘렸고 잘못도 했지

근데 아직도 무엇을 놓지 말아야 하는지 기억하고 있어.

진짜 사랑을 해 봐야 알게 됐지

적적해 하다가 돌이켜 보면

결국엔 내 마음 속에 꿈과 자네가 남아 있구나.

친구는 한 평생을 함께 가는 거야

그 날들은 다시는 없을 거야

한 마디의 말, 한 평생, 평생의 우정, 한 잔의 술

친구가 있어서 쓸쓸하지 않아, 친구~ 한번 부르면 자넨 이해할 거야

상처도 아픔도 남아 있지만 앞으로 가야만 하고 또 내가 있잖아

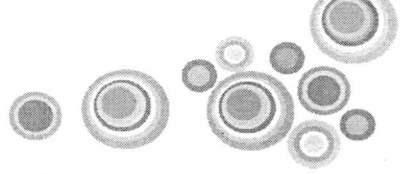

6. 夜来香

Yè lái xiāng

那南风吹来清凉	Nà nán fēng chuī lái qīng liáng
那夜莺啼声细唱	nà yè yīng tí shēng xì chàng
月下的花儿都入梦	yuè xià de huā er dōu rù mèng
只有那夜来香 吐露着芬芳	zhǐ yǒu nà yè lái xiāng tǔ lù zhe fēn fāng
我爱这夜色茫茫	wǒ ài zhè yè sè máng máng
也爱这夜莺歌唱	yě ài zhè yè yīng gē chàng
更爱那花一般的梦	gèng ài nà huā yì bān de mèng
拥抱着夜来香 闻这夜来香	yǒng bào zhe yè lái xiāng wén zhè yè lái xiāng
夜来香 我为你歌唱	yè lái xiāng wǒ wèi nǐ gē chàng
夜来香 我为你思量	yè lái xiāng wǒ wèi nǐ sī liang
啊~ 我为你歌唱 我为你思量	a ~wǒ wèi nǐ gē chàng wǒ wèi nǐ sī liang
夜来香 夜来香 夜来香	yè lái xiāng yè lái xiāng yè lái xiāng

야래향

남풍은 시원함을 불어 오고

한 밤중 꾀꼬리 울음 소리는 희미하게 들리는구나

달 빛 아래 꽃들은 모두 꿈나라에 빠져 있는데

오로지 야래향 만이 향기를 퍼뜨리고 있네

난 이 밤의 아득함이 좋아

이 밤의 꾀꼬리 노랫 소리도 좋아

그 꽃과 같은 꿈이 더 좋아

야래향을 감싸 안고 이 야래향을 맡는 거라네

야래향 난 당신을 위해 노래를 불러

야래향 난 당신이 그리워

아~난 당신을 위해 노래를 불러, 당신이 그리워

야래향 야래향 야래향

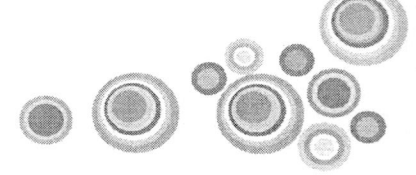

7. 笑红尘 xiào hóngchén

红尘多可笑 痴情最无聊	Hóngchén duō kěxiào chīqíng zuì wúliáo
目空一切也好	mùkōngyíqiè yě hǎo
此生未了 心却已无所扰	cǐshēng wèiliǎo xīn què yǐ wú suǒ rǎo
只想换得半世逍遥	zhǐ xiǎng huàn dé bànshì xiāoyáo
醒时对人笑 梦中全忘掉	xǐng shí duì rén xiào mèng zhōng quán wàngdiào
叹天黑得太早	tàn tiān hēi de tài zǎo
来生难料 爱恨一笔勾销	lái shēng nán liào ài hèn yìbǐgōuxiāo
对酒当歌 我只愿开心到老	duì jiǔ dāng gē wǒ zhǐ yuàn kāixīn dào lǎo
风再冷 不想逃	fēng zài lěng bùxiǎng táo
花再美 也不想要	huā zài měi yě bùxiǎng yào
任我飘摇	rèn wǒ piāoyáo
天越高 心越小	tiān yuè gāo xīn yuè xiǎo
不问因果有多少 独自醉倒	bú wèn yīn guǒ yǒu duōshǎo dúzì zuì dào
今天哭 明天笑	jīntiān kū míngtiān xiào
不求有人能明了 一身骄傲	bù qiú yǒurén néng míngliǎo yìshēn jiāo'ào
歌在唱 舞在跳	gē zài chàng wǔ zài tiào
长夜漫漫不觉晓 将快乐寻找	chángyè mànmàn bù jué xiǎo jiāng kuàilè xúnzhǎo

 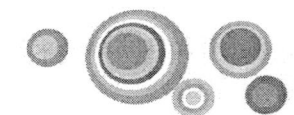

속세에 웃음을 지으며

속세는 참으로 웃긴다
사랑에 대한 집착은 제일 의미가 없다
모든 것을 놔 버려도 좋아.
아직 내 생은 끝나지 않았지만
마음의 모든 미련이 이미 사라졌어
그저 남은 인생을 자유롭게 살고 싶어
깨어 있을 때는 사람들에게 웃고
꿈 속에서는 모두 잊게 돼
날이 너무 일찍 어두워짐을 감탄하네
다음생은 예측하기 어려워
그 동안의 사랑과 원망을 모두 접을 래
술을 마시며 노래할 래. 죽을 때까지 즐겁게 보낼 래
바람이 아무리 차거워도 피하지 않을 래
꽃이 아무리 아름다워도 탐하지 않을 래
그저 편하게 살아가고 싶어.
하늘이 높을 수록 내 마음 작아지네
사람의 만남과 헤어짐에 연연치 않고
홀로 술에 취해서 쓰러지네
오늘은 울지만 내일은 웃을 거야
누군가에게 알아 달라고 애원하지도 않을 거야
스스로를 대견해 할 거야
노래하고 춤을 춰가며
기나긴 밤 내내 날이 새는지 모르도록
즐거움을 찾을 거야

 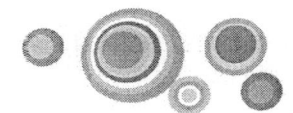

8.但愿人长久

Dàn yuàn rén cháng jiǔ

明月几时有？把酒问青天。

不知天上宫阙，今夕是何年？

我欲乘风归去，

又恐琼楼玉宇，

高处不胜寒。

起舞弄清影，何似在人间？

转朱阁，低绮户，照无眠。

不应有恨，

何事长向别时圆？

人有悲欢离合，

月有阴晴圆缺，

此事古难全。

但愿人长久，千里共婵娟。

míng yuè jǐ shí yǒu？bǎ jiǔ wèn qīng tiān

bù zhī tiān shàng gōng què，jīn xī shì hé nián？

wǒ yù chéng fēng guī qù,

yòu kǒng qióng lóu yù yǔ,

gāo chù bú shèng hán.

qǐ wǔ nòng qīng yǐng，hé sì zài rén jiān？

zhuǎn zhū gé，dī qǐ hù，zhào wú mián.

bù yīng yǒu hèn,

hé shì cháng xiàng bié shí yuán？

rén yǒu bēi huān lí hé,

yuè yǒu yīn qíng yuán quē,

cǐ shì gǔ nán quán.

dàn yuàn rén cháng jiǔ，qiān lǐ gòng chán juān.

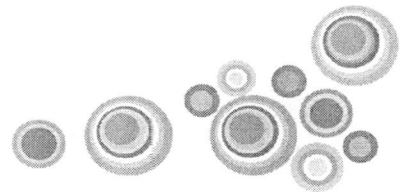

그대와 오래 함께 하길 바랄 뿐

밝은 저 달은 언제부터 있었을까?

술잔을 들어 하늘에게 묻지만,

천상 궁궐에서는

오늘이 어느 해인지도 모를 뿐.

나는 바람에 실려 돌아가고 싶지만,

달나라 궁궐은 너무나 높이 있어

추울까 두렵기도 하고

춤추며 선명한 그림자와 함께 하니,

어찌 이 세상에 비할까?

달은 화려한 누각을 돌아 꽃무늬 창에 낮게 비추니,

잠을 이룰 수 없네,

무슨 원한이 있는 것도 아닌데,

어찌 이별할 때마다 보름달일까?

사람은 헤어짐과 만남의 애환이 있고,

달은 차고 기우는 명암이 있으니,

예부터 이는 어찌할 수 없음이라,

다만 우리 오랜 세월 살아내어,

천리 밖에서도 저 달과 함께 하기 바랄 뿐....

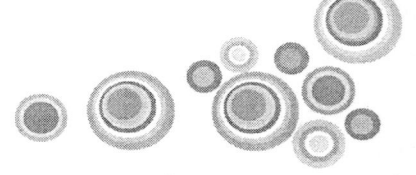

9. 听海 tīng hǎi

写信告诉我 今天海是什么颜色
Xiě xìn gàosù wǒ jīntiān hǎi shì shénme yánsè

夜夜陪着你的海 心情又如何
yè yè péizhe nǐ de hǎi xīnqíng yòu rúhé

灰色是不想说 蓝色是忧郁
huīsè shì bùxiǎng shuō lán sè shì yōuyù

而漂泊的你 狂浪的心 停在哪里
ér piāobó de nǐ kuáng làng de xīn tíng zài nǎlǐ

写信告诉我 今夜你想要梦什么
xiě xìn gàosù wǒ jīnyè nǐ xiǎng yào mèng shénme

梦里外的我是否都让你无从选择
mèng lǐ wài de wǒ shìfǒudōu ràng nǐ wúcóng xuǎnzé

我揪着一颗心 整夜都闭不了眼睛
wǒ jiūzhe yì kē xīn zhěng yè dōu bì bùliǎo yǎnjīng

为何你明明动了情 却又不靠近
wèihé nǐ míngmíng dòngle qíng què yòu bu kàojìn

听 海哭的声音
tīng hǎi kū de shēngyīn

叹息着谁又被伤了心
tànxízhe shéi yòu bèi shāngle xīn

却还不清醒
què hái bù qīngxǐng

一定不是我 至少我很冷静
yídìng bùshì wǒ zhìshǎo wǒ hěn lěngjìng

可是泪水 就连泪水 也都不相信
kěshì lèishuǐ jiù lián lèishuǐ yě dōu bù xiāngxìn

听 海哭的声音
tīng hǎi kū de shēngyīn

这片海未免也太多情
zhè piàn hǎi wèimiǎn yě tài duōqíng

悲泣到天明
bēiqì dào tiānmíng

写封信给我 就当最后约定
xiě fēng xìn gěi wǒ jiù dāng zuìhòu yuēdìng

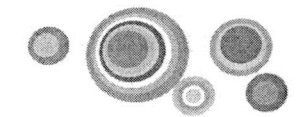

| 说你在离开我的时候 | shuō nǐ zài líkāi wǒ de shíhòu |
| 是怎样的心情 | shì zěnyàng de xīnqíng |

(반복)

바다를 듣다

오늘 바다는 어떤 빛깔인지 편지로 알려 줄래요?

매일 밤을 당신과 함께한 바다는 또 어떤 심정일까요?

회색은 말하고 싶지 않은 것이고, 푸른 색은 우울하단 뜻이고.

또한 표류하던 당신의 요동치던 마음은 어디쯤에 머물러 있을까?

오늘 밤에 어떤 꿈을 꾸고 싶은지 편지로 알려 줄래요?

꿈 안과 밖에 있는 내가 당신의 선택을 힘들게 했나요?

이런 마음을 붙잡고 있느라 난 긴 밤 내내 눈을 감을 수 없었어요.

왜 당신은 분명히 나한테 마음이 있는데 가까이 오지 못하나요.

들어 보세요. 바다가 우는 소리를

누군가가 상처를 받아 정신도 차리지 못해서 안타까워 하고 있어요.

나는 아닐 거야. 적어도 내가 냉정하잖아.

하지만 눈물이, 이젠 눈물조차도 나를 안 믿네.

들어 보세요. 바다가 우는 소리를

이 바다는 쓸데없이 정이 너무 많아.

날이 밝을 때까지 계속 울었네.

마지막으로 약속해요.

당신이 나를 떠날 때는 어떤 마음이었는지 편지해 줄 래요

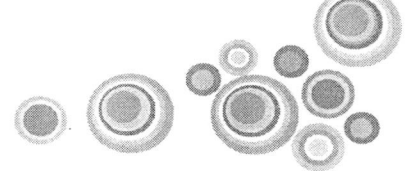

10. 中国话 zhōng guó huà

扁担宽 板凳长	Biǎndan kuān bǎndèng zhǎng
扁担想绑在板凳上	biǎndan xiǎng bǎng zài bǎndèng shàng
扁担宽 板凳长	biǎndan kuān bǎndèng zhǎng
扁担想绑在板凳上	biǎndan xiǎng bǎng zài bǎndèng shàng
伦敦玛莉莲	lúndūn mǎ lì lián
买了件旗袍送妈妈	mǎile jiàn qípáo sòng māmā
莫斯科的夫司基	mòsīkē de fū sī jī
爱上牛肉面疙瘩	ài shàng niúròu miàn gēda
各种颜色的皮肤	gè zhǒng yánsè de pífū
各种颜色的头发	gè zhǒng yánsè de tóufā
嘴里念的说的开始流行中国话	zuǐ lǐ niàn de shuō de kāishǐ liúxíng zhōngguó huà
多少年我们苦练	duō shào nián wǒmen kǔ liàn
英文发音和文法	yīngwén fāyīn hé wénfǎ
这几年换他们	zhè jǐ nián huàn tāmen
卷著舌头学平上去入的变化	juǎnzhe shétou xué píng shàngqù rù de biànhuà
平平仄仄平平仄	píngpíngzè píngpíngpíngzè
好聪明的中国人	hǎo cōngmíng de zhōngguó rén
好优美的中国话	hǎo yōuměi de zhōngguó huà
扁担宽 板凳长	biǎndan kuān bǎndèng zhǎng
扁担想绑在板凳上	biǎndan xiǎng bǎng zài bǎndèng shàng

板凳不让扁担绑在板凳上	bǎndèng bù ràng biǎndan bǎng zài bǎndèng shàng
扁担偏要绑在板凳上	biǎndan piān yào bǎng zài bǎndèng shàng
板凳偏偏不让扁担绑在那板凳上	bǎndèng piānpiān bù ràng biǎndan bǎng zài nà
到底扁担宽还是板凳长	dàodǐ biǎndan kuān háishì bǎndèng zhǎng
哥哥弟弟坡前坐	gēgē dìdì pō qián zuò
坡上卧著一只鹅	pō shàng wòzhe yī zhǐ é
坡下流著一条河	pō xiàliúzhe yītiáo hé
哥哥说 宽宽的河	gēgē shuō kuān kuān de hé
弟弟说 白白的鹅	dìdì shuō báibái de é
鹅要过河 河要渡鹅	é yàoguò hé hé yào dù é
不知是那鹅过河	bùzhī shì nà éguò hé
还是河渡鹅	háishì hédù é
全世界都在学中国话	**quán shìjiè dōu zàixué zhōngguó huà**
孔夫子的话 越来越国际化	**kǒng fūzǐ dehuà yuè lái yuè guójì huà**
全世界都在讲中国话	**quán shìjiè dōu zài jiǎng zhōngguó huà**
我们说的话	**wǒmen shuō dehuà**
让世界都认真听话	**ràng shìjiè dōu rènzhēn tīnghuà**
纽约苏珊娜	niǔyuē sū shān nà
开了间禅风 Lounge Bar	kāile jiān chán fēng Lounge Bar
柏林来的沃夫冈	bólín lái de wò fū gāng
拿胡琴配著电吉他	ná húqín pèizhe diàn jítā
各种颜色的皮肤	gè zhǒng yánsè de pífū

梦想中国语　歌曲100

各种颜色的头发	gè zhǒng yánsè de tóufǎ
嘴里念的说的开始流行中国话	zuǐ lǐ niàn de shuō de kāishǐ liúxíng zhōngguó huà
多少年我们苦练英文发音和文法	duō shào nián wǒmen kǔ liàn yīngwén fāyīn hé
这几年换他们	zhè jǐ nián huàn tāmen
卷著舌头学平上去入的变化	juǎnzhe shétou xué píng shàngqù rù de biànhuà
平平仄仄平平仄	píngpíngzè píngpíngpíngzè
好聪明的中国人	hǎo cōngmíng de zhōngguó rén
好优美的中国话	hǎo yōuměi de zhōngguó huà
有个小孩叫小杜	yǒu gè xiǎohái jiào xiǎo dù
上街打醋又买布	shàng jiē dǎ cù yòu mǎi bù
买了布 打了醋	mǎile bù dǎle cù
回头看见鹰抓兔	huítóu kànjiàn yīng zhuā tù
放下布 搁下醋	fàngxià bù gē xià cù
上前去追鹰和兔	shàng qián qù zhuī yīng hé tù
飞了鹰 跑了兔	fēile yīng pǎole tù
洒了醋 湿了布	sǎle cù shīle bù
嘴说腿 腿说嘴	zuǐ shuō tuǐ tuǐ shuō zuǐ
嘴说腿 爱跑腿	zuǐ shuō tuǐ ài pǎotuǐ
腿说嘴 爱卖嘴	tuǐ shuō zuǐ ài mài zuǐ
光动嘴 不动腿	guāng dòngzuǐ bù dòng tuǐ
光动腿 不动嘴	guāng dòng tuǐ bú dòngzuǐ
不如不长腿和嘴	bùrú bù cháng tuǐ hé zuǐ

| 到底是那嘴说腿 还是腿说嘴 | dàodǐ shì nà zuǐ shuō tuǐ háishì tuǐ shuō zuǐ |

(반복)

중국어

멜대는 넓고 벤치는 길어 멜대는 벤치 위에 있고 싶어

멜대는 넓고 벤치는 길어 멜대는 벤치 위에 있고 싶어

런던에서 Marylin 이 엄마에게 줄 치파오를 샀고

모스크바에 사는 Fuski 는 우육면에 빠졌어

어떤 피부색 머리 색깔을 가진 사람이던

그들이 읽고 말하는 것들... 중국어가 새로운 트렌드가 되고 있어

우리는 얼마나 오래 동안 영어 발음과 문법을 힘들게 공부했던가

이제는 그들이 혀를 말아가면서 중국 발음을 공부할 차례야

핑☆핑☆쯔어쯔어핑핑쯔어

중국인들은 정말 똑똑해 중국어는 정말 아름다워

멜대는 넓고 벤치는 길어 멜대는 벤치 위에 있고 싶어

벤치는 멜대가 자기 위에 있지 못하게 해도

멜대는 굳이 벤치 위에 있으려고 해

벤치는 굳이 또 멜대를 벤치 위에 있지 못하게 해

도대체 멜대가 넓은 걸까 벤치가 긴 걸까

형이랑 동생이 언덕 위에 앉아 있고

언덕 위에 거위 한 마리가 앉아 있어

언덕 아래는 강 하나가 흐르고 있어

형이 말했어, "강이 정말 넓다" 동생이 말했어, '거위가 정말 하얗다"

거위는 강을 건당신고 싶고 강은 백조를 건당신가고 싶어

그 거위가 강을 건당신은지 아니면 강이 거위를 건당신은지 모르겠어

지금 전 세계가 중국어를 공부하고 있어

공자님의 말씀이 점점 더 세계 널리 퍼지고 있어

지금 전 세계가 중국어로 말하고 있어

우리의 언어가 전 세계 모든 사람들이 귀를 기울이게 해

뉴욕에서 Susanna 는 중국풍 Lounge Bar 을 열었고

베를린에서 온 Wolfgang 호금과 전자 기타를 같이 연주해

어떤 피부색 머리 색깔을 가진 사람이던

그들이 읽고 말하는 것들… 중국어가 새로운 트렌드가 되고 있어

우리는 얼마나 오래 동안 영어 발음과 문법을 힘들게 공부했던가

이제는 그들이 혀를 말아가면서 중국 발음을 공부할 차례야

핑핑쯔어쯔어핑핑쯔어 중국인들은 정말 똑똑해 중국어는 정말 아름다워

Xiao Du 라는 아이가 있었어 식초와 천을 사러 나갔지 천을 사고 식초도 샀어

 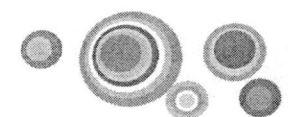

돌아가는 길에 독수리가 토끼를 잡아 먹으려는 걸 봤어

천과 식초를 내려 놓고 독수리와 토끼를 쫓아갔어

독수리는 날아가고 토끼는 뛰어갔어 식초를 쏟아서 천은 다 젖었어

그의 입은 다리를 탓하고 입은 다리를 탓해

입은 다리를 탓했어 뛰기 좋아하는 다리를

다리는 입을 탓했어 큰소리 치는 것만 좋아하는 입을

입만 놀리고 다리는 가만있어

다리는 열심히 움직이는데 입은 가만있어 다리랑 입이 없는 것 만도 못해

도대체 입이 다리를 탓한 게 맞는 걸까

아니면 다리가 입을 탓한 게 맞는 걸까

지금 전 세계가 중국어를 공부하고 있어

공자님의 말씀이 점점 더 세계 널리 퍼지고 있어

지금 전 세계가 중국어로 말하고 있어

우리의 언어가 전 세계 모든 사람들이 귀를 기울이게 해

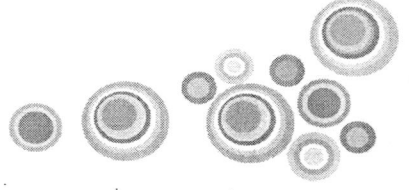

11. 至少还有你 Zhìshǎo hái yǒu nǐ

我怕来不及 我要抱着你	wǒ pà láibùjí wǒ yào bàozhe nǐ
直到感觉你的皱纹	zhídào gǎnjué nǐ de zhòuwén
有了岁月的痕迹	yǒule suìyuè de hénjì
直到肯定你是真的	zhídào kěndìng nǐ shì zhēn de
直到失去力气 为了你 我愿意	zhídào shīqù lìqì wèile nǐ wǒ yuànyì
动也不能动 也要看着你	dòng yě bùnéng dòng yě yào kànzhe nǐ
直到感觉你的发线	zhídào gǎnjué nǐ de fā xiàn
有了白雪的痕迹	yǒule báixuě de hénjì
直到视线变得模糊	zhídào shìxiàn biàn dé móhú
直到不能呼吸	zhídào bùnéng hūxī
让我们 形影不离	ràng wǒmen xíngyǐngbùlí
如果全世界 我也可以放弃	rúguǒ quán shìjiè wǒ yě kěyǐ fàngqì
至少还有你 值得我去珍惜	zhìshǎo hái yǒu nǐ zhídé wǒ qù zhēnxī
而你在这里 就是生命的奇迹	ér nǐ zài zhèlǐ jiùshì shēngmìng de qíjì
也许全世界 我也可以忘记	yěxǔ quán shìjiè wǒ yě kěyǐ wàngjì
只是不愿意 失去你的消息	zhǐshì bú yuànyì shīqù nǐ de xiāoxi
你掌心的痣 我总记得在哪里	nǐ zhǎngxīn de zhì wǒ zǒng jìdé zài nǎlǐ
我们好不容易 我们身不由己	wǒmen hǎobù róngyì wǒmen shēn bùyóu jǐ

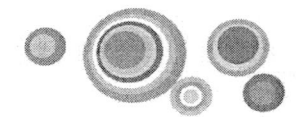

我怕时间太快 不够将你看仔细	wǒ pà shíjiān tài kuài búgòu jiāng nǐ kàn zǐxì
我怕时间太慢 日夜担心失去你	wǒ pà shíjiān tài màn rìyè dānxīn shīqù nǐ
恨不得一夜之间白头 永不分离	hènbudé yíyè zhī jiān báitóu yǒng bù fēnlí

적어도 당신이 있으니

늦어 버릴까 무서우니 난 당신을 안고 있을 래요

당신의 주름에서 세월의 흔적이 보일 때까지

당신이 진짜라는 걸 확신할 수 있을 때까지 내 힘이 다 할 때까지

당신을 위한 거라면 나는 원해요

움직일 수 없다면 바라 보기라도 할래요

당신의 머리에서 백발의 흔적을 느낄수 있을 때까지

우리의 시선이 흐려질 때까지 또 숨이 다할 때까지

우리 서로 조금도 떨어지지 않게 하자

난 모든 세계를 다 포기할 수 있어요

적어도 당신이 있으니 소중히 할 가치가 있어요

당신이 여기에 있는 것이 생명의 기적과 같아요

내가 모든 세계를 잊을 순 있지만 당신의 기억을 잃고 싶지는 앓네요

당신 손바닥 안의 점이 어디에 있는지 난 항상 기억하고 있어요

우리 참 쉽지 않네요. 우리 자기 몸을 뜻대로 하기 어렵군요.

시간이 너무 빨리 흘러 당신을 자세히 볼 수 없게 될까 두려워요

또 시간이 너무 느리게 흘러 밤낮으로 당신을 잃게 되진 않을 까 두렵구요

하루밤 사이에 백발이 되어 영원히 떨어지지 않기를 간절히 바래요

12. 童话 tóng huà

忘了有多久 再没听到你	Wàngle yǒu duōjiǔ zài méi tīng dào nǐ
对我说你 最爱的故事	duì wǒ shuō nǐ zuì ài de gùshì
我想了很久 我开始慌了	wǒ xiǎngle hěnjiǔ wǒ kāishǐ huāngle
是不是我又 做错了什么	shì bùshì wǒ yòu zuò cuòle shénme
你哭着对我说	nǐ kūzhe duì wǒ shuō
童话里都是骗人的	tónghuà li dōu shì piàn rén de
我不可能是你的王子	wǒ bù kěnéng shì nǐ de wángzǐ
也许你不会懂	yěxǔ nǐ bù huì dǒng
从你说爱我以后	cóng nǐ shuō ài wǒ yǐhòu
我的天空 星星都亮了	wǒ de tiānkōng xīngxīng dōu liàngle
我愿变成童话里	**wǒ yuàn biàn chéng tónghuà lǐ**
你爱的那个天使	**nǐ ài de nàge tiānshǐ**
张开双手	**zhāng kāi shuāngshǒu**
变成翅膀守护你	**biàn chéng chìbǎng shǒuhù nǐ**
你要相信	**nǐ yào xiāngxìn**
相信我们会像童话故事里	**xiāngxìn wǒmen huì xiàng tónghuà gùshì lǐ**
幸福和快乐是结局	**xìngfú hé kuàilè shì jiéjú**
一起写我们的结局	yìqǐ xiě wǒmen de jiéjú

동화

오랫 동안

당신이 제일 좋아한 그 이야기

다시 듣지 못했어요

난 한참 동안 생각했죠. 그 후 당황하기 시작했죠

내가 또 무엇을 잘못한 것 같아서요.

당신이 울면서 내게 말했어요.

동화는 모두 거짓이라고

난 당신의 왕자가 될 수 없을 거라고

당신이 날 사랑한다고 했을 때부터

내 하늘의 별들은 다 빛났다는 걸 당신이 몰랐을 거에요.

동화 속의 당신이 사랑한 그 천사로 변하고 싶어요

두 팔을 벌려서 날개로 변해서 당신을 지켜 주고 싶어요

우리도 그 동화처럼 될 거란 걸

행복과 기쁨인 해피엔딩이란 걸

우리가 동화의 해피 엔딩을 쓸거 란 걸 믿어 주세요.

13. 勇气 yǒng qì

终于做了这个决定	zhōngyú zuòle zhègè juédìng
别人怎么说我不理	biérén zěnme shuō wǒ bù lǐ
只要你也一样的肯定	zhǐyào nǐ yě yíyàng de kěndìng
我愿意天涯海角都随你去	wǒ yuànyì tiānyáhǎijiǎo dōu suí nǐ qù
我知道一切不容易	wǒ zhīdào yíqiè bù róngyì
我的心一直温习说服自己	wǒ de xīn yìzhí wēnxí shuōfú zìjǐ
最怕你忽然说要放弃	zuì pà nǐ hūrán shuō yào fàngqì
爱真的需要勇气	**ài zhēn de xūyào yǒngqì**
来面对流言蜚语	**lái miàn duì liúyán fēiyǔ**
只要你一个眼神肯定	**zhǐyào nǐ yígè yǎnshén kěndìng**
我的爱就有意义	**wǒ de ài jiù yǒu yìyì**
我们都需要勇气	**wǒmen dōu xūyào yǒngqì**
去相信会在一起	**qù xiāngxìn huì zài yìqǐ**
人潮拥挤我能感觉你	**réncháo yōngjǐ wǒ néng gǎnjué nǐ**
放在我手心里 你的真心	**fàng zài wǒ shǒuxīn lǐ nǐ de zhēnxīn**
如果我的坚强任性	rúguǒ wǒ de jiānqiáng rènxìng
会不小心伤害了你	huì bù xiǎoxīn shānghàile nǐ
你能不能温柔提醒	nǐ néng bùnéng wēnróu tíxǐng
我虽然心太急 更害怕错过你	wǒ suīrán xīntài jí gèng hàipà cuòguò nǐ

(반복)

용기

마침내 결정했어요.

다른 사람의 어떻게 말을 해도 난 신경 안 쓸 거에요.

당신이 나처럼 마음을 먹으면

난 하늘과 바다 끝이라도 따라가고 싶어요.

모든 것이 쉽지 않다는 걸 알아요.

내 마음이 계속 나를 설득시켜요.

가장 두려운 건 당신이 갑자기 포기하는 거에요.

사랑은 정말로 용기가 필요하네요.

유언비어에 맞서야 해요.

당신은 한 번만 눈빛으로 확신을 주면 내 사랑은 의미가 있어요.

우리는 모두 용기가 필요해요. 함께 할 거라고 믿어요.

수많은 사람들 속에서도 나는 당신을 느낄 수 있어요.

내 손에 당신의 진심을 담아요.

만약에 내 고집스러움이 당신에게 상처를 준다 해도

당신은 따뜻하게 일깨워 줄 수 있나요?

나는 비록 조급하지만,

당신을 놓치는 것은 더 두려워요.

(반복)

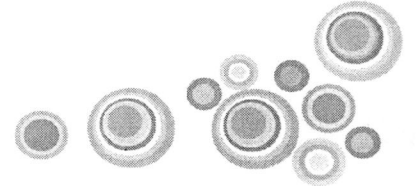

14. 老鼠爱大米 lǎo shǔ ài dà mǐ

我听见你的声音	wǒ tīng jiàn nǐ de shēng yīn
有种特别的感觉	yǒu zhǒng tè bié de gǎn jué
让我不断想不敢再忘记你	ràng wǒ bú duàn xiǎng bù gǎn zài wàng jì nǐ
我记得有一个人	wǒ jì de yǒu yí gè rén
永远留在我心中	yǒng yuǎn liú zài wǒ xīn zhōng
那怕只能够这样的想你	nǎ pà zhǐ néng gòu zhè yàng de xiǎng nǐ
如果真的有一天	rú guǒ zhēn de yǒu yì tiān
爱情理想会实现	ài qíng lǐ xiǎng huì shí xiàn
我会加倍努力 好好对你	wǒ huì jiā bèi nǔ lì hǎo hǎo duì nǐ
永远不改变	yǒng yuǎn bù gǎi biàn
不管路有多么远	bù guǎn lù yǒu duō me yuǎn
一定会让它实现	yí dìng huì ràng tā shí xiàn
我会轻轻在你耳边 对你说	wǒ huì qīng qīng zài nǐ ěr biān duì nǐ shuō
我爱你 爱着你 就像老鼠爱大米	wǒ ài nǐ ài zhe nǐ jiù xiàng lǎoshǔ ài dà mǐ
不管有多少风雨	bù guǎn yǒu duō shǎo fēng yǔ
我都会依然陪着你	wǒ dōu huì yī rán péi zhe nǐ
我想你 想着你	wǒ xiǎng nǐ, xiǎng zhe nǐ
不管有多么的苦	bù guǎn yǒu duō me de kǔ

只要能让你开心
我什么都愿意 这样爱你

Zhǐ yào néng ràng nǐ kāi xīn,
wǒ shén me dōu yuàn yì zhè yàng ài nǐ

쥐가 쌀을 좋아해

나는 당신의 목소리가 들릴 때
뭔가 특별한 느낌이 있어
내가 끊임없이 생각하게 하고
감히 당신을 다시는 잊을 수 없게 해
내 기억 속에 어떤 이가 영원히 내 마음 속에 남아
그저 단지 이렇게 널 그리워할 수 밖에 없대고
만약 정말로 어느 날 사랑의 꿈이 이루어진다면
나는 배로 당신에게 잘하려고 노력할 거고,
영원히 변하지 않을 거야
길이 얼마나 멀든지 반드시 그게 실현되도록 할 거야
나는 당신 귓가에 살며지 당신에게 말할 거야
사랑해 널 사랑하고 있어 쥐가 쌀을 좋아하듯이
어떤 어려움이 있든지 나는 계속 당신와 함께 할 거야
보고 싶어 널 그리워하고 있어
얼마나 많은 고생을 해도
당신을 기쁘게 할 수 만 있다면
난 뭐든지 할 수 있어, 이렇게 널 사랑해

15. 盛夏的果实 shèng xià de guǒ shí

也许放弃 才能靠近你	Yěxǔ fàngqì cáinéng kàojìn nǐ
不再见你 你才会把我记起	bù zàijiàn nǐ nǐ cáihuì bǎ wǒ jì qǐ
时间累积	shíjiān lěijī
这盛夏的果实	zhè shèngxià de guǒshí
回忆里寂寞的香气	huíyì lǐ jìmò de xiāngqì
我要试着离开你	wǒ yào shìzhe líkāi nǐ
不要再想你	búyào zài xiǎng nǐ
虽然这并不是我本意	suīrán zhè bìng bùshì wǒ běnyì
你曾说过 会永远爱我	nǐ céng shuōguò huì yǒngyuǎn ài wǒ
也许承诺 不过因为没把握	yěxǔ chéngnuò búguò yīn wèi méi bǎwò
别用沉默 再去掩饰什么	bié yòng chénmò zài qù yǎnshì shén me
当结果是那么赤裸裸	dāng jiéguǒ shì nàme chìluǒluǒ
以为你会说什么	yǐwéi nǐ huì shuō shénme
才会离开我	cái huì líkāi wǒ
你只是转过头不看我	nǐ zhǐshì zhuǎn guòtóu bú kàn wǒ
不要刻意说 你还爱我	bùyào kèyì shuō nǐ hái ài wǒ
当看尽潮起潮落	dāng kàn jǐn cháo qǐ cháo luò
只要你记得我	zhǐyào nǐ jìdé wǒ
你曾说过 会永远爱我	nǐ céng shuōguò huì yǒngyuǎn ài wǒ
也许承诺 不过证明没把握	yěxǔ chéngnuò búguò zhèngmíng méi bǎwò

不用难过 不用掩饰什么　　búyòng nánguò bú yòng yǎnshì shénme
当结果是那么赤裸裸　　dāng jiéguǒ shì nà me chìluǒluǒ
其实不必说什么　　qíshí búbì shuō shénme
才能离开我　　cáinéng líkāi wǒ
起码那些经过属于我　　qǐmǎ nàxiē jīngguò shǔyú wǒ
也许放弃 才能靠近你　　yěxǔ fàngqì cáinéng kàojìn nǐ
不再见你 你才会把我记起　　bù zàijiàn nǐ nǐ cái huì bǎ wǒ jì qǐ
时间累积　　shíjiān lěijī
这盛夏的果实　　zhè shèngxià de guǒshí
回忆里爱情的香气　　huíyì lǐ àiqíng de xiāngqì
我以为不露痕迹　　wǒ yǐwéi bú lù hénjì
思念却满溢　　sīniàn què mǎn yì
或许这代表了我的心　　huòxǔ zhè dàibiǎole wǒ de xīn
不要刻意说 你还爱我　　búyào kèyì shuō nǐ hái ài wǒ
当看尽潮起潮落　　dāng kàn jǐn cháo qǐ cháo luò
只要你记得我　　zhǐyào nǐ jìdé wǒ
如果你会梦见我　　rúguǒ nǐ huì mèng jiàn wǒ
请你再抱紧我　　qǐng nǐ zài bào jǐn wǒ

한 여름의 과일

포기해야만 당신에게 다가갈 수 있을 것 같아

다시는 당신을 보지 않아야

당신이 나를 기억할 것 같아

시간이 흐르고 나면 이 한 여름의 과일은

추억 속의 쓸쓸한 향기가 되겠지

나는 당신을 떠나 볼거야

다시는 당신을 그리워 하지 않을 거야

이것이 내가 정말 바라는 것이 아닐지라도

당신은 말했었지 날 영원히 사랑한다고

아마도 약속은 했었지만 확신이 없어서였난 봐

침묵으로 또 다시 무언가를 감추려 하지 마

결과가 그렇게 적나라하게 드러날 때에도

넌 무엇인가 말해야 날 떠날수 있을 거라 여기지

넌 그냥 고개를 돌려 날 보지 않으면 돼

억지로 날 아직도 사랑한다 말하지 마

파도가 일고 지는 걸 다 보고난 뒤에

단지 날 기억 해 주기만을 바래

당신은 말했었지 날 영원히 사랑한다고

아마도 약속은 했었지만 확신이 없어서였난 봐

슬프지마 또 다시 무언가를 감추려 하지 마

사실 뭐라 말해야 날 떠날수 있다고 생각할 필요는 없어

최소한 그 추억들은 나의 것이니까

포기해야만 당신에게 다가갈 수 있을 것 같아

다시는 당신을 보지 않아야 당신이 나를 기억할 것 같아

시간이 흐르고 나면 이 한 여름의 과일은

추억 속의 사랑한 향기가 되겠지

당신의 흔적이 남지 않았다고 여겼는데

오히려 그리움이 넘치네

아마 이것이 나의 마음이겠지

일부러 나를 사랑한다고 말하지 않아도 돼

파도가 일고 지는걸 다 보고난 뒤에

단지 날 기억 해 주기만을 바래

만약 꿈 속에서 나를 만난다면

나를 다시 꼭 안아 줘

16. 双节棍 shuāng jié gùn

岩烧店的烟味弥漫	Yán shāo diàn de yān wèi mímàn
隔壁是国术馆	gébì shì guóshù guǎn
店里面的妈妈桑 茶道有三	diàn lǐmiàn de māmā sāng chádào yǒusān
教拳脚武术的老板	jiào quánjiǎo wǔshù de lǎobǎn
练铁沙掌 耍杨家枪	liàn tiě shā zhǎng shuǎ yáng jiā qiāng
硬底子功夫最擅长	yìng dǐzi gōngfū zuì shàncháng
还会金钟罩铁步衫	hái huì jīn zhōng zhào tiě bù shān
他们儿子我习惯	tāmen er zi wǒ xíguàn
从小就耳濡目染	cóngxiǎo jiù ěrrúmùrǎn
什么刀枪跟棍棒	shénme dāoqiāng gēn gùnbàng
我都耍的有模有样	wǒ dōu shuǎ de yǒu mó yǒu yàng
什么兵器最喜欢	shénme bīngqì zuì xǐhuān
双节棍柔中带刚	shuāng jié gùn róu zhōng dài gāng
想要去河南嵩山	xiǎng yào qù hénán sōngshān
学少林跟武当	xué shàolín gēn wǔdāng
干什么 干什么	gànshénme gànshénme

呼吸吐纳自在	hūxī tǔ nà zìzài
干什么 干什么	gànshénme gànshénme
气沉丹田手心开	qì chén dāntián shǒuxīn kāi
干什么 干什么	gànshénme gànshénme
日行千里系沙袋	rì xíng qiānlǐ xì shādài
飞檐走壁莫奇怪 去去就来	fēiyánzǒubì mò qíguài qù qù jiùlái
一个马步向前	yígè mǎ bù xiàng qián
一记左钩拳 右钩拳	yí jì zuǒ gōu quán yòu gōu quán
一句惹毛我的人有危险	yíjù rě máo wǒ de rén yǒu wéixiǎn
一再重演	yízài chóngyǎn
一根我不抽的烟	yì gēn wǒ bù chōu de yān
一放好多年	yí fàng hǎoduō nián
它一直在身边	tā yìzhí zài shēnbiān
干什么 干什么	gànshénme gànshénme
我打开任督二脉	wǒ dǎkāi rèn dū èr mài
干什么 干什么	gànshénme gànshénme
东亚病夫的招牌	dōngyà bìngfū de zhāopái

干什么 干什么	gànshénme gànshénme
已被我一脚踢开	yǐ bèi wǒ yì jiǎo tī kāi
快使用双节棍	kuài shǐyòng shuāng jié gùn
哼哼哈兮	hēng hēng hā xī
快使用双节棍	kuài shǐyòng shuāng jié gùn
哼哼哈兮	hēng hēng hā xī
习武之人切记 仁者无敌	xí wǔ zhī rén qièjì rénzhě wúdí
是谁在练太极 风生水起	shì shéi zài liàn tàijí fēng shēng shuǐ qǐ
快使用双节棍 哼哼哈兮	kuài shǐyòng shuāng jié gùn hēng hēnghā xī
快使用双节棍 哼哼哈兮	kuài shǐyòng shuāng jié gùn hēng hēnghā xī
飞檐走壁	fēiyánzǒubì
为人耿直不屈	wéirén gěngzhí bùqū
一身正气 哼	yìshēn zhèngqì hēng
我用手刀防御	wǒ yòng shǒudāo fángyù
哼 漂亮的回旋踢	hēng piàoliàng de huíxuán tī

쌍절곤

연기 자욱한 돌판 구이집이 있고 그 옆은 국술관이 있다.
주인 아줌마는 차도가 삼단이다. 쿵후를 가르치는 주인장
모래로 철사장을 연마하고 탄탄한 쿵후 실력에 강신술
칼 피하는 하는 권법까지. 그 집 아들한텐 난 벌써 익숙해졌지,
어릴 때부터 많이 봐 왔으니까
어떤 칼이건 총이건, 무슨 몽둥이든 간에 나도 제법 폼나게 할 수 있지
그중 내가 가장 좋아하는 건 바로 쌍절곤, 부드러움 속에 강인함을 갖춘
허남성 숭산으로 가, 소림사 무술을 배워야지
기를 마시고 맘은 편하게 깊게 단전 호흡하고 손바닥을 편다
모래 주머니 달고 하루에 천리길을
지붕위로 날아 다니고 벽위로 걷는 것이 별거 아니야 그냥 하면 돼
말 달리듯 앞을 향해 나가 레프트 훅, 라이트 훅!!
날 건드리면 위험할 껄, 다시 보여 주지
피우지 않은 담배 한 개피 몇 년동안 그대로 들고만 다녔지
혈을 풀어 버리고 동아시아의 병자란 간판은
이미 내가 한 방에 차버렸지
빨리 쌍절곤을 써 흥흥하히 빨리 쌍절곤을 써 흥흥하히~
무공을 익히는 자는, 참는 자에겐 적이 없다는 걸 알아야 해
누가 태극권을 연마하는지, 바람이 불고 물결이 일기 시작하네
빨리 쌍절곤을 써 흥흥하히 빨리 쌍절곤을 써 흥흥하히~
지붕위로 날아다니고 벽위를 걸을 수 있는 경공술을 할 수 있다면
남에게 굽힘 없이 당당히
빨리 쌍절곤을 써 흥~
손으로 칼을 막고선 흥~ 멋지게 돌려차기~

17. 最爱上海滩

zuì ài shànghǎi tān

难忘 灿烂	nánwàng cànlàn
谁会忘得了上海滩	shéi huì wàng déliǎo shànghǎi tān
难忘 浩瀚	nánwàng hàohàn
一浪一浪的奇谈	yí làng yí làng de qí tán
绝色 超凡	juésè chāofán
只会出现在上海滩	zhǐ huì chūxiàn zài shànghǎi tān
一身 是胆	yìshēn shì dǎn
一起轰轰烈烈的干	yìqǐ hōnghōnglièliè de gàn
别问是爱 还是愁	bié wèn shì ài háishì chóu
都在滔滔里转弯	dōu zài tāotāo lǐ zhuǎnwān
翻千翻 拐千湾	fān qiān fān guǎi qiān wān
你和我是不见不散	nǐ hé wǒ shì bú jiàn bú sàn
无憾 无仇 我的最爱上海滩	wú hàn wú chóu wǒ de zuì ài shànghǎi tān
同步 站口 和你好好的干一番	tóngbù zhànkǒu hé nǐ hǎohǎo de gàn yì fān
同步 站口 和你好好的干一番	tóngbù zhànkǒu hé nǐ hǎohǎo de gàn yì fān

내 사랑 상해탄

어찌 잊으리 그 찬란함이여 그 누가 상해탄을 잊으리

어찌 잊으리 그 호연지기를 상해탄 물결처럼 끊임없는 양웅담이여

절세미인 비범한 인물들 오직 상해탄에서 만날 수 있으리니

온몸에 한가득 담대함으로 우리 함께 멋드러지게 이 세상을 헤쳐나가세

사랑만도 아니고 근심만도 아니라네 모든 것은 굽이치는 파도와도 같으니

천만번 뒤집히고 억만번 굽이쳐 그대와 나 운명처럼 만나리라

안맺힘도 근심도 없다네 나의 사랑 상해탄이여

같이 가자 상해탄으로 그대와 함께 어우러져 이 세상을 누리리라

함께 가자 상해탄으로 우리 함께 어우리져 이 세상을 누리

18. 他一定很爱你

tā yídìng hěn ài nǐ

我躲在车里 手握着香槟	Wǒ duǒ zài chē lǐ shǒu wòzhe xiāngbīn
想要给你 生日的惊喜	xiǎng yào gěi nǐ shēngrì de jīngxǐ
你越走越近 有两个声音	nǐ yuè zǒu yuè jìn yǒu liǎng gè shēngyīn
我措手不及 只得楞在那里	wǒ cuòshǒubùjí zhǐděi lèng zài nàlǐ
我应该在车底 不应该在车里	wǒ yīnggāi zài chē dǐ bù yìng gāi zài chē lǐ
看到你们有多甜蜜	kàn dào nǐmen yǒu duō tiánmì
这样一来我也	zhèyàng yì lái wǒ yě
比较容易死心	bǐjiào róngyì sǐxīn
给我离开的勇气	gěi wǒ líkāi de yǒngqì
他一定很爱你 也把我比下去	tā yídìng hěn ài nǐ yě bǎ wǒ bǐ xiàqù
分手也只用了一分钟而已	fēnshǒu yě zhǐ yòngle yì fēnzhōng éryǐ
他一定很爱你	tā yídìng hěn ài nǐ
比我会讨好你	bǐ wǒ huì tǎohǎo nǐ
不会像我这样孩子气	bú huì xiàng wǒzhèyàng háiziqì
为难着你	wéinánzhe nǐ

그가 반드시 널 엄청 사랑해 줄거야.

난 차에 숨어 있었어, 손에 샴페인을 들고.

당신의 생일에 깜짝 파티를 해 주고 싶었거든.

니가 점점 이쪽으로 걸어 오는데

두 개의 목소리. 난 어쩔 줄 몰랐어,

그저 멍하니 차 안에 있을 수 밖에 없었어

난 차 밑에 있어야 했어, 차 안에 있는 건 아니었어.

너희 둘이 얼마나 달콤해 보이던지

그러고 보니 나도 이 김에 단념을 할 수 있겠네

나에게 널 떠날 용기를 준 거구나.

그가 반드시 널 엄청 사랑해 줄 거야.

나보다 더 잘하지.

헤어지는게 1분 밖에 안 걸리네.

그가 반드시 널 엄청 사랑해 줄 거야.

나보다 니 비위도 잘 맞춰 주고 말야.

나처럼 이렇게 애처럼 당신을 힘들게 하지도 않겠지.

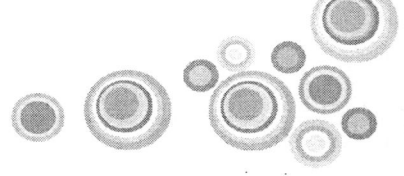

19. 小城故事 xiǎochéng gùshì

小城故事多 充满喜和乐	xiǎochéng gùshì duō Chōngmǎn xǐ hé lè
若是你到小城来 收获特别多	ruòshì nǐ dào xiǎochéng lái shōuhuò tèbié duō
看似一幅画 听像一首歌	kàn shì yì fú huà tīng xiàng yì shǒu gē
人生境界真善美	rénshēng jìngjiè zhēnshànměi
这里已包括	zhèlǐ yǐ bāokuò
谈的谈 说的说	tán de tán shuō de shuō
小城故事真不错	xiǎochéng gùshì zhēn bùcuò
请你的朋友一起来小城来做客	qǐng nǐ de péng you yī qǐlái xiǎochéng lái

작은 도시의 이야기

작은 도시에는 이야기가 많아요

기쁨과 즐거움으로 가득 찬 이야기 들이지요

당신이 이 도시에 오신다면 아주 많은 것을 얻을 수 있어요

한 폭의 그림 같이 보이고 한 곡의 노래 같이 들리지요

세상 살이의 진선미가 모두 그 속에 포함되어 있어요

이야기 할수록 말을 할수록 이 도시의 이야기는 정말 괜찮아요.

당신의 친구와 함께 오세요 이 도시의 손님이 되어 주세요

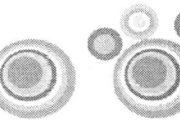

20. 有多少爱可以重来 yǒu duōshǎo ài kěyǐ chóng lái

常常责怪自己当初不应该	chángcháng zéguài zìjǐ dāngchū bù yīng gāi
常常后悔没有把你留下来	chángcháng hòuhuǐ méiyǒu bǎ nǐ liú xiàlái
为什么明明相爱	wèishéme míngmíng xiāng'ài
到最后还是要分开	dào zuìhòu háishì yào fēnkāi
是否我们总是徘徊在心门之外	shìfǒu wǒmen zǒng shì páihuái zàixīn mén zhī wài
谁知道又和你相遇在人海	shéi zhīdào yòu hé nǐ xiāngyù zài rén hǎi
命运如此安排总叫人无奈	mìngyùn rúcǐ ānpái zǒng jiào rén wúnài
这些年过得不好不坏	zhèxiē niánguò dé bù hǎo búhuài
只是好像少了一个人存在	zhǐshì hǎoxiàng shǎole yígè rén cúnzài
而我渐渐明白你	ér wǒ jiànjiàn míngbái
仍然是我不变的关怀	nǐ réngrán shì wǒ bú biàn de guānhuái
有多少爱可以重来	**yǒu duōshǎo ài kěyǐ chóng lái**
有多少人愿意等待	**yǒu duōshǎo rén yuànyì děngdài**
懂得珍惜以后回来	**dǒngdé zhēnxī yǐhòu huí lái**
却不知那份爱会不会还在	**què bùzhī nà fèn ài huì bú huì hái zài**
有多少爱可以重来	**yǒu duōshǎo ài kěyǐ chóng lái**
有多少人值得等待	**yǒu duōshǎo rén zhídé děngdài**
当爱情已经桑田沧海	**dāng àiqíng yǐjīng sāngtián cānghǎi**
是否还有勇气去爱	**shìfǒu hái yǒu yǒng qì qù ài**

 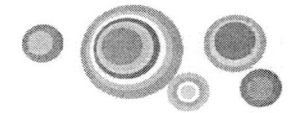

얼마나 많은 사랑이 다시 올 수 있을 까

종종 나를 탓하곤 해 그 때 그래서는 안 되었다고

종종 후회하곤 해 당신을 남겨 두지 못한 걸

왜 분명히 사랑하고 있는데 결국엔 헤어졌는지

우리는 언제나 행복의 바깥 만을 맴돌고 있는 건 아닐까

누가 알았겠어 이 많은 사람 중 당신와 다시 마주치게 될 줄

운명은 항상 이렇게 놀라운 일을 준비해 놓지

좋지도 나쁘지도 않게 보냈어 이 몇 년 동안

단지 한 사람이 사라졌을 뿐

하지만 점점 깨닫게 되었어

당신은 여전히 나의 변하지 않는 관심이였음을

얼마나 많은 사랑이 다시 내게 올 수 있을 까

얼마나 많은 사람이 기다리기 원할까

소중히 해야 한다는 걸 깨닫고 돌아온대도

그 때의 사랑이 아직도 남아 있을 까

얼마나 많은 사랑이 다시 내게 올 수 있을 까

얼마나 많은 사람이 기다릴 만할 까

사랑이 모두 변해 버린 그 때

다시 사랑을 할 용기가 날까

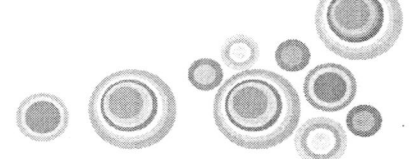

21.对面的女孩看过来 duì miàn de nǚ hái kàn guò lái

对面的女孩看过来	Nǐ (hāi!) Duìmiàn de nǚhái kàn guòlái
看过来,看过来	kàn guòlái, kàn guòlái
你这里的表演很精彩	nǐ zhèlǐ de biǎoyǎn hěn jīngcǎi
请不要假装不理不睬	qǐng búyào jiǎzhuāng bù lǐ bù cǎi
对面的女孩看过来	duìmiàn de nǚhái kàn guòlái
看过来,看过来	kàn guòlái, kàn guòlái
不要被我的样子吓坏	búyào bèi wǒ de yàngzi xià huài
其实我很可爱	Qíshí wǒ hěn kě'ài
寂寞男孩的悲哀,	jìmò nánhái de bēi'āi,
说出来,谁明白	shuō chūlái, shéi míngbái
求求你抛个媚眼过来	qiú qiú nǐ pāo gè mèi yǎn guòlái
哄哄我 逗我乐开怀	hōng hōng wǒ dòu wǒ lè kāihuái
我左看右看,上看下看	**Wǒ zuǒ kàn yòu kàn, shàng kàn xià kàn**
原来每个女孩都不简单	**yuánlái měi gè nǚhái dōu bù jiǎndān**
我想了又想,我猜了又猜	**wǒ xiǎngle yòu xiǎng, wǒ cāile yòu cāi**
女孩们的心事还真奇怪	**nǚháimen de xīnshì hái zhēn qíguài**
寂寞男孩的苍蝇拍	jìmò nánhái de cāngyíng pāi
左拍拍,右拍拍	zuǒ pāi pāi, yòu pāi pāi
为什么还是没人来爱	wèishéme háishì méi rén lái ài

 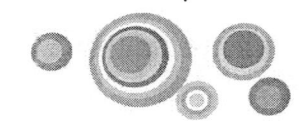

无人问津哪, 真无奈	Wú rén wènjīn nǎ, zhēn wúnài
对面的女孩看过来	duìmiàn de nǚhái kàn guòlái
看过来, 看过来	kàn guòlái, kàn guòlái
寂寞男孩情窦初开	jìmò nánhái qíngdòuchūkāi
需要你给我一点爱	Xūyào nǐ gěi wǒ yīdiǎn ài

(반복)

맞은 편의 아가씨 여길 봐요.

맞은 편의 아가씨 여길 봐요. 여길 봐요 여길 봐요.

여기 공연이 정말 멋져요. 제발 못 본 척하지 말라구요

맞은 편의 아가씨 여길 봐요. 여길 봐요. 여길 봐요.

내 모습에 놀라지 말아요. 사실은 나도 귀엽다구요

외로운 남자의 비애를 말한다 해도 누가 알아 줄까요

제발 애교 띤 눈빛으로 날 달래 줘요. 날 즐겁게 해 줘요.

왼쪽 보고 오른쪽 보고 위를 보고 아래를 봐도

원래 여자들이란 만만치 않아요

생각하고 또 생각하고 추측하고 또 추측해 봐도

여자들의 마음이란 정말 이상해

외로운 남자의 파리채만 좌로 짝짝 우로 짝짝

왜 여태 날 사랑하는 사람도 주는 사람도 없는 거야 정말 괴로워요

맞은편의 아가씨 여길 봐요 여길 봐요. 여길 봐요.

외로운 남자의 사랑이 막 시작되었으니

날 조금만이라도 사랑해 줘요 (반복)

22. 我的歌声里 wǒ de gē shēng lǐ

没有一点点防备	méi yǒu yì diǎn diǎn fáng bèi
也没有一丝顾虑	yě méi yǒu yì sī gù lǜ
你就这样出现在我的世界里	nǐ jiù zhè yàng chū xiàn zài wǒ de shì jiè lǐ
带给我惊喜 情不自已	dài gěi wǒ jīng xǐ qíng bú zì yǐ
可是你偏又这样	kě shì nǐ piān yòu zhè yàng
在我不知不觉中 悄悄的消失	zài wǒ bù zhī bù jué zhōng qiāo qiāo de xiāo shī
从我的世界里 没有音讯	cóng wǒ de shì jiè lǐ méi yǒu yīn xùn
剩下的只是回忆	shèng xià de zhī shì huí yì
你存在 我深深的脑海里	**nǐ cún zài wǒ shēn shēn de nǎo hǎi lǐ**
我的梦里 我的心里 我的歌声里	**wǒ de mèng lǐ wǒ de xīn lǐ wǒ de gē shēng lǐ**
你存在 我深深的脑海里	**nǐ cún zài wǒ shēn shēn de nǎo hǎi lǐ**
我的梦里 我的心里 我的歌声里	**wǒ de mèng lǐ wǒ de xīn lǐ wǒ de gē shēng lǐ**
还记得我们曾经	hái jì dé wǒ mén céng jīng
肩并肩一起走过	jiān bìng jiān yì qǐ zǒu guò
那段繁华巷口	nà duàn fán huá xiàng kǒu
尽管你我是陌生人 是过路人	Jǐn guǎn nǐ wǒ shì mò shēng rén shì guò lù rén
但彼此还是感觉到了对方的	dàn bǐ cǐ hái shì gǎn jué dào le duì fāng de
一个眼神 一个心跳	yí gè yǎn shén yí gè xīn tiào
一种意想不到的快乐	yì zhǒng yì xiǎng bú dào de kuài lè

 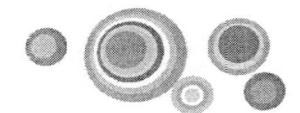

好像是一场梦境	hǎo xiàng shì yì chǎng mèng jìng
命中注定	mìng zhōng zhù dìng
(반 복)	
世界之大为何我们相遇	shì jiè zhī dà wèi hé wǒ mén xiāng yù
难道是缘分 难道是天意	nán dào shì yuán fèn nán dào shì tiān yì
(반 복)	

내 노래 속에

조금의 방수도 없이 조금의 고민도 없이

당신은 이렇게 나의 세계에 나타나

나에게 놀라움과 기쁨을 가져다 주었어

하지만 넌 또 이렇게 내가 모르게 몰래 사라지네

나의 세계에서 아무런 소식 없이 남은 건 오직 기억 뿐이야

넌 내 머리 속 깊이 존재하고

내 꿈 속에, 내 마음 속에, 내 노래 속에 존재해.

넌 내 머리 속 깊이 존재하고

내 꿈 속에, 내 마음 속에, 내 노래 속에 존재한다.

아직 기억해 예전에 우린 어깨를 나란히 하고 변화한 부두를 거닐었지

넌 나에게 낯선 사람이고 지나치는 사람이었지만

그래도 우리는 서로를 느꼈어 하나의 눈빛, 두근 거림

생각 밖의 기쁨은 아직 꿈처럼, 운명이 정해진 것처럼 (반복)

세상은 이렇게 큰데 우린 어떻게 만났을까

인연인가? 하늘의 뜻인가? (반복)

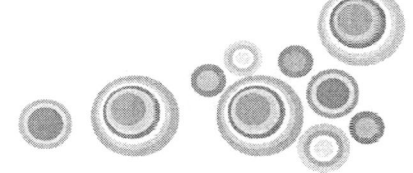

23. 我们不一样 wǒ mén bù yí yàng

这么多年的兄弟	zhè me duō nián de xiōng dì
有谁比我更了解你	yǒu shuí bǐ wǒ gèng le jiě nǐ
太多太多不容易	tài duō tài duō bù róng yì
磨平了岁月和脾气	mó píng le suì yuè hé pí qì
时间转眼就过去	shí jiān zhuǎn yǎn jiù guò qù
这身后不散的筵席	zhè shēn hòu bú sàn de yàn xí
只因为我们还在	zhī yīn wéi wǒ mén hái zài
心留在原地	xīn liú zài yuán dì
张开手 需要多大的勇气	zhāng kāi shǒu xū yào duō dà de yǒng qì
这片天 你我一起撑起	zhè piàn tiān nǐ wǒ yì qǐ chēng qǐ
更努力 只为了我们想要的明天	gèng nǔ lì zhǐ wèi le wǒ mén xiǎng yào de míng tiān
好好的 这份情好好珍惜	hǎo hǎo de zhè fèn qíng hǎo hǎo zhēn xī
我们不一样	**wǒ mén bù yí yàng**
每个人都有不同的境遇	**měi gè rén dōu yǒu bù tóng de jìng yù**
我们在这里 在这里等你	**wǒ mén zài zhè lǐ zài zhè lǐ děng nǐ**
我们不一样	**wǒ mén bù yí yàng**
虽然会经历不同的事情	**suī rán huì jīng lì bù tóng de shì qíng**
我们都希望 来生还能相遇	**wǒ mén dōu xī wàng lái shēng hái néng xiāng yù**

(반복)

 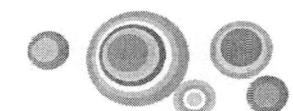

우리는 달라

그 동안 함께한 친구여

나는 누구보다 널 잘 이해하고 있지.

너무나 많은 시련이 세월과 성격을 닮았지

시간은 순시간에 흘러갔고 이 뒤에 끝나지 않는 파티

단지 우리가 아직 여기 있기 때문이지

마음은 제자리에 머물러 있지

손을 벌려 봐. 많은 용기가 필요하겠지만

이 하늘에 너와 나 같이 내밀어 봐

더 노력해 우리가 바라는 내일을 위해서

잘 지내면서 이 감정을 소중히 여겨

우리는 달라

모든 사람은 다른 상황에 처해 있어

우린 여기서, 여기서 너를 기다려

우리는 달라

비록 다른 일들을 겪어짔지만

우리는 모두 다음 생에 또 만나는 것을 희망해 (반 복)

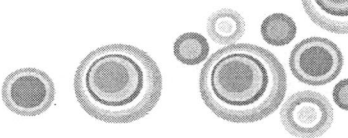

24. 青花瓷 qīng huā cí

素胚勾勒出青花	sù pēi gōu lè chū qīng huā
笔锋浓转淡	bǐ fēng nóng zhuǎn dàn
瓶身描绘的牡丹	píng shēn miáo huì de mǔ dān
一如你初妆	yì rú nǐ chū zhuāng
冉冉檀香透过窗	rǎn rǎn tán xiāng tòu guò chuāng
心事我了然	xīn shì wǒ liǎo rán
宣纸上走笔至此搁一半	xuān zhǐ shàng zǒu bǐ zhì cǐ gē yí bàn
釉色渲染仕女图韵味被私藏	yòu sè xuàn rǎn shì nǚ tú yùn wèi bèi sī cáng
而你嫣然的一笑如含苞待放	ér nǐ yān rán de yí xiào rú hán bāo dài fàng
你的美一缕飘散	nǐ de měi yì lǚ piāo sàn
去到我去不了的地方	qù dào wǒ qù bù liǎo de dì fāng
天青色等烟雨 而我在等你	tiān qīng sè děng yān yǔ ér wǒ zài děng nǐ
炊烟袅袅升起	chuī yān niǎo niǎo shēng qǐ
隔江千万里	gé jiāng qiān wàn lǐ
在瓶底书汉隶	zài píng dǐ shū hàn lì
仿前朝的飘逸	fǎng qián cháo de piāo yì
就当我为遇见你伏笔	jiù dāng wǒ wéi yù jiàn nǐ fú bǐ
天青色等烟雨 而我在等你	tiān qīng sè děng yān yǔ ér wǒ zài děng nǐ
月色被打捞起 晕开了结局	yuè sè bèi dǎ lāo qǐ yūn kāi le jié jú

如传世的青花瓷自顾自美丽	rú chuán shì de qīng huā cí zì gù zì měi lì
你眼带笑意	nǐ yǎn dài xiào yì
色白花青的锦鲤跃然于碗底	sè bái huā qīng de jǐn lǐ yuè rán yú wǎn dǐ
临摹宋体落款时却惦记着你	lín mó sòng tǐ luò kuǎn shí què diàn jì zhe nǐ
你隐藏在窑烧里	nǐ yǐn cáng zài yáo shāo lǐ
千年的秘密	qiān nián de mì mì
极细腻犹如绣花针落地	jí xì nì yóu rú xiù huā zhēn luò dì
帘外芭蕉惹骤雨	lián wài bā jiāo rě zhòu yǔ
门环惹铜绿	mén huán rě tóng lǜ
而我路过那江南小镇惹了你	ér wǒ lù guò nà jiāng nán xiǎo zhèn rě le nǐ
在泼墨山水画里	zài pō mò shān shuǐ huà lǐ
你从墨色深处被隐去	nǐ cóng mò sè shēn chù bèi yǐn qù
天青色等烟雨 而我在等你	tiān qīng sè děng yān yǔ ér wǒ zài děng nǐ
炊烟袅袅升起	chuī yān niǎo niǎo shēng qǐ
隔江千万里 在瓶底书汉隶	gé jiāng qiān wàn lǐ zài píng dǐ shū hàn lì
仿前朝的飘逸	fǎng qián cháo de piāo yì
就当我为遇见你伏笔	jiù dāng wǒ wéi yù jiàn nǐ fú bǐ
天青色等烟雨 而我在等你	tiān qīng sè děng yān yǔ ér wǒ zài děng nǐ
月色被打捞起 晕开了结局	yuè sè bèi dǎ lāo qǐ yūn kāi le jié jú
如传世的青花瓷自顾自美丽	rú chuán shì de qīng huā cí zì gù zì měi lì
你眼带笑意	nǐ yǎn dài xiào yì

 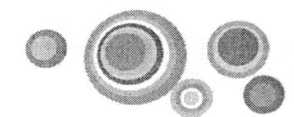

청화기

백도자기에 청화를 붓끝으로 짙게 옅게 그린다

병에 목단을 그리니 꼭 처음 화장을 하는 것 같구나

하늘 거리는 단향목 창문으로 스며 들어 심사를 분명하게 해

화선지에 붓가는데로 내버려 두는듯

유약으로 선염한 미인도 운치는 은닉되고

당신의 아름다운 웃음은 마치 꽃봉오리가 막피려 하는 듯해

당신의 아름다움은 한 줄기 가닥이 되어

내가 갈 수 없는 곳으로 흩어져 날아가 버려

천청색이 안개비를 기다려 그리고 내가 당신을 기다려

인가의 밥 짓는 연기가 모락모락 피어 올라

천만리 강을 사이에 두고

병 밑에 한시는 전조의 뛰어남은 모방해

바로 내가 당신을 만날 수 있는 복선으로 되어

천청색이 안개비를 기다려 그리고 내가 당신을 기다려

달빛이 떠올라지면 결국 달무리를 만들어

예로부터 전해오던 청화기 홀로 아름답구나

당신의 눈에는 웃음기가 어려 있다

그릇 바닥에 백화청 비단 잉어가 살아 움직이는 듯해

송체 낙관 본을 뜨려할 때 당신에 대한 생각이 간절해져

불 가마 속에서 천년의 비밀을 숨기고

극도로 보드랍고 섬세함이 자수 바늘로 세긴 것 같구나

커튼 밖 파초는 소나기를 일으키고 문고리는 동청으로 되고

그리고 내가 갔던 강남 작은 마을이 당신을 불러 일으켜

발묵 산수화 안에 니가 먹색 깊이 숨겨져 간다

25. 小幸运 xiǎo xìng yùn

我听见雨滴落在青青草地	wǒ tīng jiàn yǔ dī luò zài qīng qīng cǎo dì
我听见远方	wǒ tīng jiàn yuǎn fāng
下课钟声响起	xià kè zhōng shēng xiǎng qǐ
可是我没有听见你的声音	kě shì wǒ méi yǒu tīng jiàn nǐ de shēng yīn
认真 呼唤我姓名	rèn zhēn　hū huàn wǒ xìng míng
爱上你的时候还不懂感情	ài shàng nǐ de shí hòu hái bù dǒng gǎn qíng
离别了才觉得刻骨 铭心	lí bié le cái jué dé kè gǔ　míng xīn
为什么没有发现遇见了你	wéi shí me méi yǒu fā xiàn yù jiàn le nǐ
是生命最好的事情	shì shēng mìng zuì hǎo de shì qíng
也许当时忙着微笑和哭泣	**yě xǔ dāng shí máng zhe wēi xiào hé kū qì**
忙着追逐	máng zhe zhuī zhú
天空中的流星	tiān kōng zhōng de liú xīng
人理所当然的忘记	rén lǐ suǒ dāng rán de wàng jì
是谁风里雨里	shì shuí fēng lǐ yǔ lǐ
一直默默守护在原地	yì zhí mò mò shǒu hù zài yuán dì
原来你是我	yuán lái nǐ shì wǒ
最想留住的幸运	zuì xiǎng liú zhù de xìng yùn
原来我们和爱情	yuán lái wǒ mén hé ài qíng
曾经靠得那么近	céng jīng kào dé nà me jìn

那为我对抗世界的决定	nà wèi wǒ duì kàng shì jiè de jué dìng
那陪我淋的雨 一幕幕都是你	nà péi wǒ lín de yǔ yī mù mù dōu shì nǐ
一尘不染的真心	yì chén bù rǎn de zhēn xīn
与你相遇 好幸运	yǔ nǐ xiāng yù hǎo xìng yùn
可我已失去为你	kě wǒ yǐ shī qù wèi nǐ
泪流满面的权利	lèi liú mǎn miàn de quán lì
但愿在我看不到的天际	dàn yuàn zài wǒ kàn bù dào de tiān jì
你张开了双翼	nǐ zhāng kāi le shuāng yì
遇见你的注定	yù jiàn nǐ de zhù dìng
她会有多幸运	tā huì yǒu duō xìng yùn
青春是段	qīng chūn shì duàn d
跌跌撞撞的旅行	iē diē zhuàng zhuàng de lǚ xíng
拥有着后知后觉的美丽	yōng yǒu zhe hòu zhī hòu jué de měi lì
来不及感谢是你给我勇气	lái bù jí gǎn xiè shì nǐ gěi wǒ yǒng qì
让我能做回我自己	ràng wǒ néng zuò huí wǒ zì jǐ

작은 행운

푸른 풀밭에 빗방울이 떨어지는 소리가 들려

저 멀리 수업을 끝내는 종소리가 울려

그런데 내 이름을 힘껏 불러 주던 네 목소리는 안 들려

너를 사랑할 때는 정을 몰랐어

너를 떠나 보내고 나서야 가슴 깊이 깨달았어

니가 그 사람이었다는 걸 왜 미처 몰랐을까

내 생에 가장 행복한 일이었는데 말이야

그 땐 웃고 우느라 바빠서 하늘을 가르는 별을 좇느라 바빠서

당연하다는 듯이 잊어 버렸어

비 바람 속에서 묵묵히 자리를 지키던

그 사람이 누구였는지를 말이야

내가 가장 붙잡고 싶었던 행운이 바로 너였는데

우리 사랑이 그토록 가까웠는데 나를 위해 세상과 맞서겠다던 그 결심

나와 함께 비를 맞겠다던 그 사람 한 장면 한 장면이 모두 너였어

너의 순수한 진심이었어

너를 만난 건 정말 행운이었어

나는 이제 눈물 흘릴 자격도 없지만 내가 볼 수 없는 세상에 있더라도

네가 두 날개를 활짝 펼칠 수 있기를 바랄게

너를 만나게 될 그녀는 얼마나 행복할까

청춘은 비틀거리며 걷는 여행과 같아

되돌아볼 때 깨닫는 매력이 있으니까

이미 늦어 버렸지만 내게 용기를 준 너에게

내 자신을 찾게 해준 너에게 고마워 (반복)

26.历史的天空 lì shǐ de tiān kōng

暗淡了刀光剑影	àn dàn le dāo guāng jiàn yǐng
远去了鼓角铮鸣	yuǎn qù le gǔ jiǎo zhēng míng
眼前飞扬着一个个	yǎn qián fēi yáng zhe yí gè gè
鲜活的面容	xiān huó de miàn róng
湮没了黄尘古道	yān mò le huáng chén gǔ dào
荒芜了烽火边城	huāng wú le fēng huǒ biān chéng
岁月啊 你带不走	suì yuè ā nǐ dài bù zǒu
那一串串熟悉的姓名	nà yí chuàn chuàn shú xī de xìng míng
兴亡谁人定啊	**xīng wáng shuí rén dìng ā**
盛衰岂无凭啊	**shèng shuāi qǐ wú píng ā**
一页风云散啊 变幻了时空	**yí yè fēng yún sàn ā biàn huàn le shí kōng**
聚散皆是缘哪	**jù sàn jiē shì yuán nǎ**
离合总关情啊	**lí hé zǒng guān qíng ā**
担当生前事啊 何计身后评	**dān dāng shēng qián shì ā hé jì shēn hòu píng**
长江有意化作泪	**cháng jiāng yǒu yì huà zuò lèi**
长江有情起歌声	**cháng jiāng yǒu qíng qǐ gē shēng**
历史的天空闪烁几颗星	**lì shǐ de tiān kōng shǎn shuò jǐ kē xīng**
人间一股英雄气	**rén jiān yì gǔ yīng xióng qì**
在驰骋纵横	**zài chí chěng zòng héng**

역사의 하늘

서리발 치던 칼빛도 인젠 어두워 졌고
싸움터 고각 소리도 언녕 멀어 졌는데
오늘도 눈앞에 삼삼거리며 춤 추는건
너무나 익숙했던 하나 하나의 얼굴들
당년의 싸움 길은 쑥대밭에 묻이였고
변강마을 봉화대도 페헤로 되였지만
세월아! 당신 그 많은 익숙한 이름들을
하나도 안 남기고 다는 못가져 가리라
흥성패망은 어느 누가 주재 했다느냐
강성쇄약이 어찌 이유가 없었겠느냐
한 조각 구름송이 바람에 흩어지더니
온 천하를 환각속에 빠뜨려 버렸구나
모였다 흩어진건 연분이였다 한다면
갈라졌다 합해진건 정분이 였으리라.
살아서 당당하게 할 일이나 할 것이지
죽은후 평판을 걱정해선 무엇 했느냐
장강도 의식 있다면 눈물로 될것이요
장강도 정이 있다면 노래를 부르리라
역사의 하늘에서 큰별 몇개 반짝일제
한가닥 영웅호기 온 누리 질주하누나

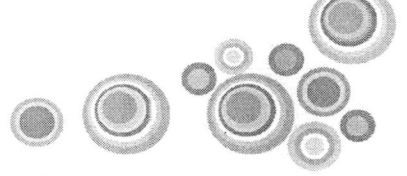

27. 野子 yě zǐ

怎么大风越狠 我心越荡	zěn me dà fēng yuè hěn wǒ xīn yuè dàng
幻如一丝尘土	huàn rú yì sī chén tǔ
随风自由的在狂舞	suí fēng zì yóu de zài kuáng wǔ
我要握紧手中坚定	wǒ yào wò jǐn shǒu zhōng jiān dìng
却又飘散的勇气	què yòu piāo sàn de yǒng qì
我会变成巨人	wǒ huì biàn chéng jù rén
踏着力气踩着梦	tà zhe lì qì cǎi zhe mèng
怎么大风越狠 我心越荡	zěn me dà fēng yuè hěn wǒ xīn yuè dàng
又如一丝消沙	yòu rú yì sī xiāo shā
随风轻飘的在狂舞	suí fēng qīng piāo de zài kuáng wǔ
我要深埋心头上秉持	wǒ yào shēn mái xīn tóu shàng bǐng chí
却又重小的勇气	què yòu zhòng xiǎo de yǒng qì
一直往大风吹的方向	yì zhí wǎng dà fēng chuī de fāng xiàng
走过去	zǒu guò qù
吹啊吹啊我的骄傲放纵	**chuī ā chuī ā wǒ de jiāo ào fàng zòng**
吹啊吹不毁我纯净花园	**chuī ā chuī bù huǐ wǒ chún jìng huā yuán**
任风吹任它乱	**rèn fēng chuī rèn tā luàn**
毁不灭是我	**huǐ bù miè shì wǒ**
尽头的展望	**jìn tóu de zhǎn wàng**

吹啊吹啊	chuī ā chuī ā
我赤脚不害怕	wǒ chì jiǎo bú hài pà
吹啊吹啊	chuī ā chuī ā
无所谓扰乱我	wú suǒ wèi rǎo luàn wǒ
你看我在勇敢地微笑	nǐ kàn wǒ zài yǒng gǎn de wēi xiào
你看我在勇敢地去挥手啊	nǐ kàn wǒ zài yǒng gǎn de qù huī shǒu ā
是你吗	shì nǐ ma
会给我一扇心房	huì gěi wǒ yí shàn xīn fáng
让我勇敢前行	ràng wǒ yǒng gǎn qián xíng
是你呀	shì nǐ ya
会给我一扇灯窗	huì gěi wǒ yí shàn dēng chuāng
让我让我无所畏惧	ràng wǒ ràng wǒ wú suǒ wèi jù

(반 복)

怎么大风越狠 我心越荡	zěn me dà fēng yuè hěn wǒ xīn yuè dàng
我会变成巨人	wǒ huì biàn chéng jù rén
踏着力气踩着梦	tà zhe lì qì cǎi zhe mèng

야자

이렇게 쌘 바람이 점점 심해지니 내마음도 더욱 설래고

한 점 먼지처럼 허망하니 바람 따라 자유로이 춤추리다

손에는 견결을 틀어쥐었어도 용기는 날아가 버렸네.

내 거인으로 변하여 힘을 디디고 꿈을 밟겠노라

이렇게 쌘 바람이 점점 심해지니 내 마음도 더욱 설래고

또 한 가닥의 모래처럼 사라지나니 바람 따라 하늘 하늘 마음껏 춤 추리다

나는 마음가짐을 깊숙이 묻었어도

다시 작은 용기로서 큰바람 부는 곳을 향해 가누나.

불고 불어라, 나의 강한 자부심 구애 받지 않는다.

불고 불어도 순수하고 깨끗한 나의 화원을 훼손하지 못하리

얼마든지 불어라. 멋대로 엉망 되여라.

나의 저 끝자락의 전망은 여전하리니

불고 불어라, 나는 맨발이여서 무섭지 않다.

불고 불어라, 날 귀찮게 하여도 개의치 않는다.

당신은 봐요. 내 용감히 웃고 있음을

당신은 봐요. 내 용감히 손을 흔들고 있음을

당신이에요. 제게 마음의 한쪽을 주세요

제가 앞으로 용감히 전진하게 당신이에요. 제게 마음의 한쪽을 주세요

나로 나로 하여금 아무것도 두려워하지 않게

(반복)

이렇게 쌘 바람이 점점 심해지니 내 마음도 더욱 설래네

내거인 으로 변하여 힘을 디디고 꿈을 밟겠노라

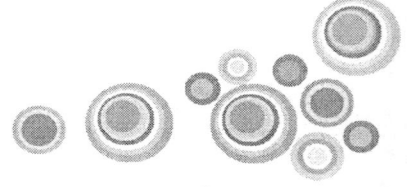

28. 假行僧 jiǎ xíng sēng

我要从南走到北	wǒ yào cóng nán zǒu dào běi
我还要从白走到黑	wǒ hái yào cóng bái zǒu dào hēi
我要人们都看到我	wǒ yào rén men dōu kàn dào wǒ
但不知道我是谁	dàn bù zhī dào wǒ shì shuí
假如你看我有点累	jiǎ rú nǐ kàn wǒ yǒu diǎn lèi
就请你给我倒碗水	jiù qǐng nǐ gěi wǒ dǎo wǎn shuǐ
假如你已经爱上我	jiǎ rú nǐ yǐ jīng ài shàng wǒ
就请你吻我的嘴	jiù qǐng nǐ wěn wǒ de zuǐ
我有这双脚	wǒ yǒu zhè shuāng jiǎo
我有这双腿	wǒ yǒu zhè shuāng tuǐ
我有这千山和万水	wǒ yǒu zhè qiān shān hé wàn shuǐ
我要这所有的所有	wǒ yào zhè suǒ yǒu de suǒ yǒu
但不要恨和悔	dàn bú yào hèn hé huǐ
要爱上我	yào ài shàng wǒ
你就别怕后悔	nǐ jiù bié pà hòu huǐ
总有一天	zǒng yǒu yì tiān
我要远走高飞	wǒ yào yuǎn zǒu gāo fēi
我不想	wǒ bù xiǎng

梦想中国语 歌曲100

留在一个地方	liú zài yí gè dì fāng
也不愿有人跟随	yě bú yuàn yǒu rén gēn suí
我要从南走到北	wǒ yào cóng nán zǒu dào běi
我还要从白走到黑	wǒ hái yào cóng bái zǒu dào hēi
我要人们都看到我	wǒ yào rén mén dōu kàn dào wǒ
但不知道我是谁	dàn bù zhī dào wǒ shì shuí
我只想看到你长得美	wǒ zhī xiǎng kàn dào nǐ zháng de měi
但不想知道你在受罪	dàn bù xiǎng zhī dào nǐ zài shòu zuì
我想要得到	wǒ xiǎng yào dé dào
天上的水	tiān shàng de shuǐ
但不是你的泪	dàn bú shì nǐ de lèi
我不愿相信	wǒ bú yuàn xiāng xìn
真的有魔鬼	zhēn de yǒu mó guǐ
也不愿	yě bú yuàn
与任何人作对	yǔ rèn hé rén zuò duì
你别想知道	nǐ bié xiǎng zhī dào
我到底是谁	wǒ dào dǐ shì shuí
也别想看到我的虚伪	yě bié xiǎng kàn dào wǒ de xū wěi

가행승

난 남에서 북으로 가고 싶소 난 낮에서 밤으로 가고 싶소

난 모든 사람이 날 보길 원하오 그러나 내가 누구인진 모르오

만일 내가 약간 피곤해 보인다면

내게 물 한 사발을 부어 주오

만일 그대가 이미 날 사랑하게 되었다면

내게 입 맞춰 주오

내겐 이 두 다리와 두 발이 있소

내겐 천 개 산과 만 개 강이 있소

난 이 모두를 가지고 싶소 그러나 원망과 후회는 필요없소

만약 날 사랑하고 싶다면 후회할 걱정은 마시오

어느 날 난 반드시 멀리 사라져 버릴 것이오

난 일개 지방에 머묾을 바라지 않소

누군가 따라오는 것도 바라지 않소

난 남에서 북으로 가고 싶소 난 낮에서 밤으로 가고 싶소

난 모든 사람이 날 보길 원하오

그러나 내가 누구인진 모르오

난 오직 그대 아름다움을 보고 싶소

다만 그대 괴로워함을 보고 싶지 않소

난 천상의 물을 얻고 싶소 그러나 그대 눈물은 아니오

난 마귀가 진정으로 있다고 믿고 싶지 않소

누구와도 맞서고 싶지도 않소

내가 도대체 누구인지를 알려 하지 마시오

내 거짓됨을 보려 하지도 마시오

29. 后来 hòu lái

后来我总算学会了	hòu lái wǒ zǒng suàn xué huì le
如何去爱	rú hé qù ài
可惜你早已远去	kě xī nǐ zǎo yǐ yuǎn qù
消失在人海	xiāo shī zài rén hǎi
后来 终于在眼泪中明白	hòu lái zhōng yú zài yǎn lèi zhōng míng bái
有些人一旦错过就不再	yǒu xiē rén yí dàn cuò guò jiù bú zài
栀子花 白花瓣	zhī zǐ huā bái huā bàn
落在我蓝色百褶裙上	luò zài wǒ lán sè bǎi zhě qún shàng
爱你 你轻声说	ài nǐ nǐ qīng shēng shuō
我低下头闻见一阵芬芳	wǒ dī xià tóu wén jiàn yí zhèn fēn fāng
那个永恒的夜晚	nà gè yǒng héng de yè wǎn
十七岁仲夏	shí qī suì zhòng xià
你吻我的那个夜晚	nǐ wěn wǒ de nà gè yè wǎn
让我往后的时光	ràng wǒ wǎng hòu de shí guāng
每当有感叹	měi dāng yǒu gǎn tàn
总想起台北的星光	zǒng xiǎng qǐ tái běi de xīng guāng
那时候的爱情	nà shí hòu de ài qíng
为什么就能那样简单	wèi shén me jiù néng nà yàng jiǎn dān
而又是为什么人年少时	ér yòu shì wèi shén me rén nián shào shí

一定要让深爱的人受伤	yí dìng yào ràng shēn ài de rén shòu shāng
在这相似的深夜里	zài zhè xiāng sì de shēn yè lǐ
你是否一样	nǐ shì fǒu yí yàng
也在静静追悔感伤	yě zài jìng jìng zhuī huǐ gǎn shāng
如果当时我们能	rú guǒ dāng shí wǒ men néng
不那么倔强	bú nà me juè qiáng
现在也不那么遗憾	xiàn zài yě bú nà me yí hàn
你都如何回忆我	nǐ dōu rú hé huí yì wǒ
带着笑或是很沉默	dài zhe xiào huò shì hěn chén mò
这些年来	zhè xiē nián lái
有没有人能让你不寂寞	yǒu méi yǒu rén néng ràng nǐ bú jì mò

(반복)

永远不会再重来	yǒng yuǎn bú huì zài chóng lái
有一个男孩爱着那个女孩	yǒu yí gè nán hái ài zhe nà gè nǚ hái

나중에

나중에 어떻게 사랑해야 하는지 뒤 늦게 알았어.

애석하게도 넌 벌써 사람들 사이로 사라져 가 버렸어.

나중에 결국 눈물 속에서 알게 되었지.

어떤 사람들은 일단 어긋나면 다시는 만날 수 없게 되지.

돛대에는 흰꽃이 피고 푸른 주름 치마에 떨어 지네.

사랑해. 너는 가볍게 말했지.머리를 숙이고 꽃 향기를 맡았지.

그 잊지 못할 늦은 밤 17세 한 여름 나를 키스했던 그밤.

그 뒤 나날들 매번 그날의 느낌.항상 그날의 별빛이 생각나.

그 시절의 사랑은 왜 그렇게 간단했을 까?

그리고 또 어렸을 때,꼭 깊이 사랑하는 사람이 상처를 받게 해야 했나?

그 날과 같은 깊은 밤에 너는 나처럼

그 때의 아픈 상처의 느낌을 조용히 후회를 하나?

만약 그때 우리가 그렇게 고집이 세지 않았다면

지금은 그런 유감이 없었겠지.

웃음을 띄고 있는 모습 아니면 침묵한 모습 너는 어떻게 회상하나?

이 몇 년에 너를 외롭지 않게 해 줄 수 있는 사람이 있나?

영원히 되돌아 올 수 없지.

그 여자를 사랑하고 있는 한 남자가 있어.

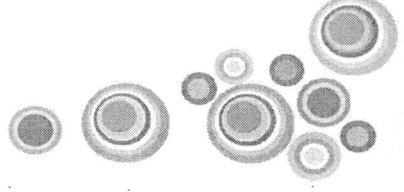

30. 独角戏 dú jiǎo xì

是谁导演这场戏	shì shuí dǎo yǎn zhè chǎng xì
在这孤单角色里	zài zhè gū dān jiǎo sè lǐ
对白总是自言自语	duì bái zǒng shì zì yán zì yǔ
对手都是回忆	duì shǒu dōu shì huí yì
看不出什么结局	kàn bù chū shén me jié jú
自始至终全是你	zì shǐ zhì zhōng quán shì nǐ
让我投入太彻底	ràng wǒ tóu rù tài chè dǐ
故事如果注定悲剧	gù shì rú guǒ zhù dìng bēi jù
何苦给我美丽	hé kǔ gěi wǒ měi lì
演出相聚和别离	yǎn chū xiāng jù hé bié lí
没有星星的夜里	**méi yǒu xīng xing de yè lǐ**
我用泪光吸引你	**wǒ yòng lèi guāng xī yǐn nǐ**
既然爱你不能言语	**jì rán ài nǐ bù néng yán yǔ**
只能微笑哭泣	**zhǐ néng wēi xiào kū qì**
让我从此忘了你	**ràng wǒ cóng cǐ wàng le nǐ**
没有星星的夜里	**méi yǒu xīng xing de yè lǐ**
我把往事留给你	**wǒ bǎ wǎng shì liú gěi nǐ**
如果一切只是演戏	**rú guǒ yí qiè zhǐ shì yǎn xì**
要你好好看戏	**yào nǐ hǎo hǎo kàn xì**
心碎只是我自己	**xīn suì zhǐ shì wǒ zì jǐ**

모모 드라마

누가 연출한 연극인가요

이 고독한 배역에 대화란 늘 독백

상대할 것은 모두 회상 어떤 결말인지 드러나지 않아요

처음부터 끝까지 오로지 그대에게

날 철저하게 물입시켜요

이야기가 비극으로 정해져 있다면

무엇 때문에 나를 아름답게 하고

만남과 이별을 연출해야 하는 것인지

별 없는 캄캄한 밤

내 눈물의 반짝임으로 그댈 끌어들여요

그댈 사랑한다고 말할 순 없었지만

오직 미소로 눈물 지음으로

지금부터 그댈잊을 수 있게 하네요

별 없는 캄캄한 밤

난 지난 일을 그대에게 넘겨요

모든 게 단지 연기란 거라면

연극 잘 보시기를

찢어지는 마음은 오직 나 뿐 인걸요

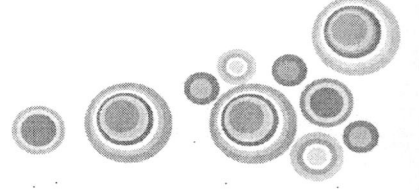

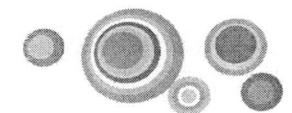

31. 不仅仅是喜欢

bù jǐn jǐn shì xǐ huān

你知道我对你	nǐ zhī dào wǒ duì nǐ
不仅仅是喜欢	bù jǐn jǐn shì xǐ huān
你眼中却没有	nǐ yǎn zhōng què méi yǒu
我想要的答案	wǒ xiǎng yào de dá àn
这样若即若离	zhè yàng ruò jí ruò lí
让我很抓狂	ràng wǒ hěn zhuā kuáng
不知道该怎么说	bù zhī dào gāi zěn me shuō
心里面在想什么	xīn lǐ miàn zài xiǎng shén me
闷骚的性格 我	mēn sāo de xìng gé wǒ
也很讨厌这结果	yě hěn tǎo yàn zhè jié guǒ
你看我的眼神	nǐ kàn wǒ de yǎn shén
像是在把委屈诉说	xiàng shì zài bǎ wěi qū sù shuō
Hey baby 这都怪我	Hey baby zhè dōu guài wǒ
真的真的舍不得你难过	zhēn de zhēn de shě bù dé nǐ nán guò
不在乎别人怎么看	bú zài hū bié rén zěn me kàn
像我这种主动的女孩	xiàng wǒ zhè zhǒng zhǔ dòng de nǚ hái
越过暧昧需要多勇敢	yuè guò ài mèi xū yào duō yǒng gǎn
难免会左右为难	nán miǎn huì zuǒ yòu wéi nán

梦想中国语 歌曲100

(반복)

你知道我对你不仅仅是喜欢 nǐ zhī dào wǒ duì nǐ bù jǐn jǐn shì xǐ huān

想要和你去很远的地方 xiǎng yào hé nǐ qù hěn yuǎn de dì fāng

看阳光在路上 kàn yáng guāng zài lù shàng

洒下了浪漫 sǎ xià le làng màn

当作我对你表白吧 dāng zuò wǒ duì nǐ biǎo bái bā

不知道该怎么说 bù zhī dào gāi zěn me shuō

心里面在想什么 xīn lǐ miàn zài xiǎng shén me

闷骚的性格我 mēn sāo de xìng gé wǒ

也很讨厌这结果 yě hěn tǎo yàn zhè jié guǒ

现在我愿为你去改 xiàn zài wǒ yuàn wèi nǐ qù gǎi

从胆怯变成行动派 cóng dǎn qiè biàn chéng xíng dòng pài

原谅我曾无心的伤害 yuán liàng wǒ céng wú xīn de shāng hài

Because I love you so much baby Because I love you so much baby

不要想你只是习惯 bú yào xiǎng nǐ zhǐ shì xí guàn

不满足每天的晚安 bù mǎn zú měi tiān de wǎn ān

我要你留恋我在你身旁 wǒ yào nǐ liú liàn wǒ zài nǐ shēn páng

爱我像我爱你一样 ài wǒ xiàng wǒ ài nǐ yí yàng

(반복)

내가 널 좋아하는 것을

너도 알잖아 내가 널 좋아하는 것을

근데 너의 눈 속에는 내가 바라는 대답이 없어

이렇게 애매한 건 날 미치게 해

진짜 미쳐 버리겠네 뭐라고 말해야 할 지 모르겠네

마음 속으로 무엇을 생각하는지

답답한 성격의 나잖아 나도 이런거 너무 싫어

너도 내 눈빛을 보면 마치 억울함을 호소하는 것 같을 거야

Hey baby 이건 모두 내 탓이야 모두 내 탓이다

정말 정말 네가 아파하는 것이 한스러워

다른 사람이 어떻게 보는지 신경쓰지 않아

나 같은 적극적인 스타일의 여자

애매한 단계를 넘는 것엔 많은 용기가 필요해

이러지도 저러지도 못하네

(반복)

햇빛이 쏟아지는 길거리에 낭만이 흩뿌려져 가득한걸

내가 너에게 고백하는 것이라 생각해

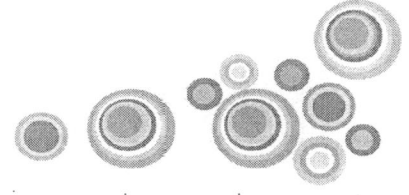

32. 一次就好 yí cì jiù hǎo

想看你笑 想和你闹	xiǎng kàn nǐ xiào xiǎng hé nǐ nào
想拥你入我怀抱	xiǎng yōng nǐ rù wǒ huái bào
上一秒红着脸在争吵	shàng yī miǎo hóng zhe liǎn zài zhēng chǎo
下一秒转身就能和好	xià yī miǎo zhuǎn shēn jiù néng hé hǎo
不怕你哭 不怕你叫	bú pà nǐ kū bú pà nǐ jiào
因为你是我的骄傲	yīn wéi nǐ shì wǒ de jiāo ào
一双眼睛追着你乱跑	yì shuāng yǎn jīng zhuī zhe nǐ luàn pǎo
一颗心早已经准备好	yì kē xīn zǎo yǐ jīng zhǔn bèi hǎo
一次就好	yí cì jiù hǎo
我带你去看天荒地老	wǒ dài nǐ qù kàn tiān huāng dì lǎo
在阳光灿烂的日子里开怀大笑	zài yáng guāng càn làn de rì zi lǐ kāi huái dà xiào
在自由自在的空气里吵吵闹闹	zài zì yóu zì zài de kōng qì lǐ chǎo chǎo nào nào
你可知道我唯一的想要	nǐ kě zhī dào wǒ wéi yī de xiǎng yào
世界还小	shì jiè hái xiǎo
我陪你去到天涯海角	wǒ péi nǐ qù dào tiān yá hǎi jiǎo
在没有烦恼的角落里	zài méi yǒu fán nǎo de jiǎo luò lǐ
停止寻找	tíng zhǐ xún zhǎo
在无忧无虑的时光里 慢慢变老	zài wú yōu wú lǜ de shí guāng lǐ màn màn biàn lǎo
你可知道我全部的心跳 随你跳	nǐ kě zhī dào wǒ quán bù de xīn tiào suí nǐ tiào

한 번이면 돼

네가 웃는 걸 보고 싶어 너와 장난치면서 놀고 싶어

너를 내 품에 꼭 안고 싶어 방금 얼굴 붉히며 싸워도

돌아서면 바로 화해하지 네가 우는 게 두렵지 않아

네가 소리치는 것도 두렵지 않아 왜냐하면 넌 내 자랑이니까

두 눈은 너를 따라 이리 저리 뛰고 있어

내 마음은 오래 전부터 이미 준비됐지

한 번이면 돼

널 데리고 하늘과 땅이 늙는 걸 보여 줄게

햇살 눈부신 날들 속에서 가슴 펴고 크게 웃자

자유로운 공기 안에서 맘껏 떠들며 놀자

내가 바라는 단 한 가지가 뭔지 넌 알겠지

세상은 아직 작아,

너와 하늘가 바다 끝까지 함께 가 줄게

머리 아플 일 없는 외딴 곳에서 더 이상 아무것도 찾지 말자

근심 걱정 없는 시간 속에서 천천히 늙어 가는 거야

내 심장은 너를 따라 뛰고 있다는 걸 넌 알지

33. 丑八怪 chǒu bā guài

如果世界漆黑 其实我很美	rú guǒ shì jiè qī hēi qí shí wǒ hěn měi
在爱情里面进退 最多被消费	zài ài qíng lǐ miàn jìn tuì zuì duō bèi xiāo fèi
无关痛痒的是非	wú guān tòng yǎng de shì fēi
又怎么不对 无所谓	yòu zěn me bú duì wú suǒ wèi
如果像你一样 总有人赞美	rú guǒ xiàng nǐ yí yàng zǒng yǒu rén zàn měi
围绕着我的卑微 也许能消退	wéi rào zhe wǒ de bēi wēi yě xǔ néng xiāo tuì
其实我并不在意 有很多机会	qí shí wǒ bìng bú zài yì yǒu hěn duō jī huì
像巨人一样的无畏	xiàng jù rén yí yàng de wú wèi
放纵我心里的鬼 可是我不配	fàng zòng wǒ xīn lǐ de guǐ kě shì wǒ bú pèi
丑八怪 能否别把灯打开	**chǒu bā guài néng fǒu bié bǎ dēng dǎ kāi**
我要的爱出没在	**wǒ yào de ài chū mò zài**
漆黑一片的舞台	**qī hēi yí piàn de wǔ tái**
丑八怪 在这暧昧的时代	**chǒu bā guài zài zhè ài mèi de shí dài**
我的存在像意外	**wǒ de cún zài xiàng yì wài**
有人用一滴泪会红颜祸水	yǒu rén yòng yì dī lèi huì hóng yán huò shuǐ
有人丢掉称谓什么也不会	yǒu rén diū diào chēng wèi shí me yě bù huì
只要你足够虚伪	zhǐ yào nǐ zú gòu xū wěi
就不怕魔鬼 对不对	jiù bú pà mó guǐ duì bù duì

如果剧本写好 谁比谁高贵　　rú guǒ jù běn xiě hǎo shuí bǐ shuí gāo guì
我只能沉默以对 美丽本无罪　　wǒ zhǐ néng chén mò yǐ duì měi lì běn wú zuì
当欲望开始贪杯 有更多机会　　dāng yù wàng kāi shǐ tān bēi yǒu gèng duō jī huì
　　像尘埃一样的无畏　　　　xiàng chén āi yí yàng de wú wèi
化成灰谁认得谁 管他配不配　　huà chéng huī shuí rèn dé shuí guǎn tā pèi bú pèi

(반복)

我的存在不意外　　　　　　　wǒ de cún zài bú yì wài
丑八怪其实见多就不怪　　　　chǒu bā guài qí shí jiàn duō jiù bù guài
放肆去 high 用力踩　　　　　fàng sì qù high yòng lì cǎi
那不堪一击的洁白　　　　　　nà bù kān yì jī de jié bái
丑八怪 这是我们的时代　　　chǒu bā guài zhè shì wǒ mén de shí dài
我不存在才意外　　　　　　　wǒ bù cún zài cái yì wài

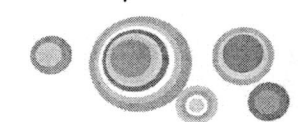

못난이

만약 세상은 칠흑같이 어두우면 사실 내가 아름다워

사랑 속의 진퇴는, 매우 많이 소비되었을 거야

옳고 그름의 고통과 상관 없이 또 어떻게 옳지 않은지 상관없지

만약 당신와 닮았다면 항상 사람들의 칭찬을 받았겠지

나를 둘러싼 그 비천함은 아마도 점점 사라지겠지

사실 난 그다지 신경 쓰지 않아 기회는 정말 많으니까

거인 처럼 두려움이 없이 마음속의 귀신을 놔 버려

그러나 난 그런 자격이 없어. 못난이, 불을 안 켜면 안 되니?

내가 원하는 사랑은 이 칠흑같이 어두운 무대에 있다.

못난이, 이 애매한 시대에 나의 존재는 마치 의외 같다.

어떤 사람은 한 방울 눈물을 써서 미모로 화를 불러을 수 있지만

어떤 사람은 호칭을 잃어 버리면 어떤 것도 할 줄 몰라

내가 충분히 위선을 보인다면 악마를 두려워하지 않아도 돼,그렇지?

만약 극본이 잘 써졌다면 누가 누구보다 고귀하겠어

난 단지 침묵할 수 밖에 없다. 아름다움이 죄가 없거든.

욕망이 탐하기 시작할 때 더 많은 기회가 보여

먼지처럼 두려움을 모르고,재로 화한 뒤 누가 알겠어.

어울리는지에 대해 신경 안 써 나의 존재는 의외가 아니야

못난이 사실 많이 보면 그렇게 이상하지 않아

제멋대로 가 힘껏 밟아, 그 한 번의 충격도 감당할 수 없는 순결함을

못난이,이건 우리의 시대야. 내가 존재하지 않는 것이야말로 의외야.

34. 那些年 nà xiē nián

又回到最初的起点	yòu huí dào zuì chū de qǐ diǎn
记忆中你青涩的脸	jì yì zhōng nǐ qīng sè de liǎn
我们终于来到了这一天	wǒ mén zhōng yú lái dào le zhè yì tiān
桌垫下的老照片	zhuō diàn xià de lǎo zhào piàn
无数回忆连结	wú shù huí yì lián jié
今天男孩要赴女孩 最后的约	jīn tiān nán hái yào fù nǚ hái zuì hòu de yuē
又回到最初的起点	yòu huí dào zuì chū de qǐ diǎn
呆呆地站在镜子前	dāi dāi de zhàn zài jìng zi qián
笨拙系上红色领带的结	bèn zhuō xì shàng hóng sè lǐng dài de jié
将头发梳成大人模样	jiāng tóu fà shū chéng dà rén mó yàng
穿上一身帅气西装	chuān shàng yì shēn shuài qì xī zhuāng
等会儿见你一定比想象美	děng huì ér jiàn nǐ yí dìng bǐ xiǎng xiàng měi
好想再回到那些年的时光	hǎo xiǎng zài huí dào nà xiē nián de shí guāng
回到教室座位前后	huí dào jiào shì zuò wèi qián hòu
故意讨你温柔的骂	gù yì tǎo nǐ wēn róu de mà
黑板上排列组合你舍得解开吗	hēi bǎn shàng pái liè zǔ hé nǐ shě de jiě kāi ma
谁与谁坐他又爱着她	shuí yǔ shuí zuò tā yòu ài zhe tā
那些年错过的大雨	nà xiē nián cuò guò de dà yǔ
那些年错过的爱情	nà xiē nián cuò guò de ài qíng

好想拥抱你 拥抱错过的勇气	hǎo xiǎng yōng bào nǐ yōng bào cuò guò de yǒng qì
曾经想征服全世界	céng jīng xiǎng zhēng fú quán shì jiè
到最后回首才发现	dào zuì hòu huí shǒu cái fā xiàn
这世界滴滴点点 全部都是你	zhè shì jiè dī dī diǎn diǎn quán bù dōu shì nǐ
那些年错过的大雨	nà xiē nián cuò guò de dà yǔ
那些年错过的爱情	nà xiē nián cuò guò de ài qíng
好想告诉你 告诉你我没有忘记	hǎo xiǎng gào sù nǐ gào sù nǐ wǒ méi yǒu wàng jì
那天晚上满天星星	nà tiān wǎn shàng mǎn tiān xīng xīng
平行时空下的约定	píng xíng shí kōng xià de yuē dìng
再一次相遇我会	zài yí cì xiāng yù wǒ huì
紧紧抱着你 紧紧抱着你	jǐn jǐn bào zhe nǐ jǐn jǐn bào zhe nǐ

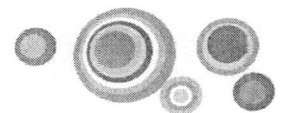

그 시절

다시 원점으로 돌아왔어. 기억 속에 너의 여린 얼굴

이 날이 드디어 왔구나.

책상 밑에 있던 오래된 사진 수많은 기억들의 연결.

오늘은 소년이 소녀의 마지막 데이트에 가

다시 원점으로 돌아왔어. 거울 앞에서 멍하니 바라보다가

어색하게 빨간 넥타이를 매고 어른처럼 머리도 빗고 멋내고

멋진 정장도 입었다. 곧 만날 너는 상상보다 더 예쁠 거야

다시 그 시절에 돌아가고 싶다.

교실 자리에 돌아가서 너의 부드러운 꾸중을 듣고 싶어.

칠판 위의 그 배열 조합은 풀기 아깝지.

그녀는 누구와 같이 앉아도 그는 그녀를 사랑하고 있었어

그 시절 놓쳐 버린 폭우, 그 시절 놓쳐 버린 사랑,

너를 안고 싶어, 놓친 그 용기를 잡고 싶어.

전 세계를 정복하고 싶었지만 이제서야 알겠어

내 세계에서 전부 너였어.

그 시절 놓쳐 버린 폭우, 그 시절 놓쳐 버린 사랑,

너에게 알려 주시고 싶어, 난 너를 잊지 않았어.

그 밤에 하늘에 별이 꽉 차 있었고 그 때 약속했어

다시 만나면 너를 꼭 안아 줄 거야

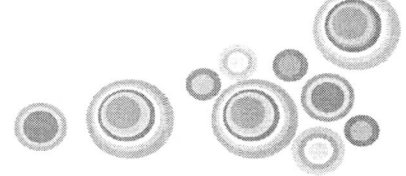

35. 大鱼

dà yú

海浪无声 将夜幕深深淹没
hǎi làng wú shēng jiāng yè mù shēn shēn yān mò

漫过天空 尽头的角落
màn guò tiān kōng jìn tóu de jiǎo luò

大鱼在梦境的缝隙里游过
dà yú zài mèng jìng de féng xì lǐ yóu guò

凝望你 沉睡的轮廓
níng wàng nǐ chén shuì de lún kuò

看海天一色 听风起雨落
kàn hǎi tiān yí sè tīng fēng qǐ yǔ luò

执子手 吹散苍茫茫烟波
zhí zǐ shǒu chuī sàn cāng máng máng yān bō

大鱼的翅膀 已经太辽阔
dà yú de chì bǎng yǐ jīng tài liáo kuò

我松开时间的绳索
wǒ sōng kāi shí jiān de shéng suǒ

怕你飞远去 怕你离我而去
pà nǐ fēi yuǎn qù pà nǐ lí wǒ ér qù

更怕你永远停留在这里
gèng pà nǐ yǒng yuǎn tíng liú zài zhè lǐ

每一滴泪水 都向你流淌去
měi yì dī lèi shuǐ dōu xiàng nǐ liú tǎng qù

倒流进天空的海底
dǎo liú jìn tiān kōng de hǎi dǐ

(반복)

倒流回 最初的相遇
dǎo liú huí zuì chū de xiāng yù

큰 물고기

파도의 적막함이 밤의 장막을 깊숙이 삼키고

하늘 끝의 외딴 곳까지 넘쳐 흘러

큰 물고기는 꿈의 세계 틈 속에서 수영하네요

깊히 잠든 그대의 윤곽을 응시하고

같은 빛깔을 품은 바다와 하늘 바라보며

바람이 불고 비가 떨어져 내리는 소리를 들으며

손을 그러 잡고 수면에 망망히 어린 안개를 흩트러 뜨려요

큰 물고기의 날개는 이미 아득히 커져 버렸으니

이젠 내가 시간의 끈을 놓아야 할 때 됐어

그대가 멀리 날아가 버릴까 봐 두려워

그대가 내 곁을 떠나가 버릴까 봐 두려워

그런데 그보다 더 두려운 건

그대가 여기에 머무르게 되는 것이다

눈물 방울 하나하나 그대를 향해 흘러

하늘의 바다 밑으로 거꾸로 돌아 흐르네요

(반 복)

처음의 만남으로 거꾸로 돌아 흐르네요

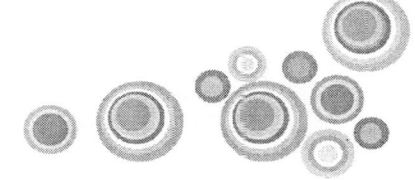

36. 成都 chéng dū

让我掉下眼泪的 不止昨夜的酒	ràng wǒ diào xià yǎn lèi de bù zhǐ zuó yè de jiǔ
让我依依不舍的 不止你的温柔	ràng wǒ yī yí bù shě de bù zhǐ nǐ de wēn róu
余路还要走多久 你攥着我的手	yú lù hái yào zǒu duō jiǔ nǐ zuàn zhe wǒ de shǒu
让我感到为难的是 挣扎的自由	ràng wǒ gǎn dào wéi nán de shì zhèng zhā de zì yóu
分别总是在九月	fēn bié zǒng shì zài jiǔ yuè
回忆是思念的愁	huí yì shì sī niàn de chóu
深秋嫩绿的垂柳	shēn qiū nèn lǜ de chuí liǔ
亲吻着我额头	qīn wěn zhe wǒ é tóu
在那座阴雨的小城里	zài nà zuò yīn yǔ de xiǎo chéng lǐ
我从未忘记你	wǒ cóng wèi wàng jì nǐ
成都 带不走的 只有你	chéng dū dài bù zǒu de zhī yǒu nǐ
和我在成都的街头走一走	hé wǒ zài chéng dū de jiē tóu zǒu yì zǒu
直到所有的灯都熄灭了	zhí dào suǒ yǒu de dēng dōu xī miè le
也不停留	yě bù tíng liú
你会挽着我的衣袖	nǐ huì wǎn zhe wǒ de yī xiù
我会把手揣进裤兜	wǒ huì bǎ shǒu chuāi jìn kù dōu
走到玉林路的尽头	zǒu dào yù lín lù de jìn tóu
坐在小酒馆的门口	zuò zài xiǎo jiǔ guǎn de mén kǒu

(반복)

청 두

나를 눈물 나게 하는 것은 어제 밤의 술 때문 만은 아니고

나를 차마 떠나게 하지 못하는 것은 너의 부드러움 때문 만은 아니야

길을 얼마나 더 걸어야 하나 너는 나의 손을 꽉 쥔 채로

나를 힘들게 하는 것은 몸부림치는 자유 때문이야

이별은 항상 9월에 찾아

추억은 그리움의 근심과 같은 거야

늦가을 파르스름한 수양버들이 내 이마에 입을 맞추네

궂은 비 내리는 작은 도시에서 나는 너를 잊어 본 적이 없어

청두에서 가지고 갈 수 없는 건 오직 너뿐이야

나와 함께 청두의 거리를 걸어 보자

모든 불빛이 완전히 꺼질 때까지 멈추지 말자

너는 내 팔짱을 끼겠고 나는 손을 바지 호주머니에 넣었을 거고

옥림로의 제일 끝까지 걸어가 작은 술집 문 앞에 앉아 보자

(반 복)

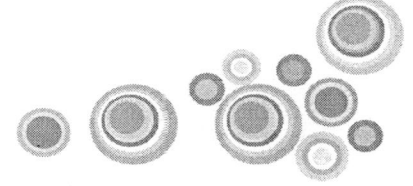

37.董小姐 dǒng xiǎo jiě

董小姐 从没忘记你的微笑	dǒng xiǎo jiě cóng méi wàng jì nǐ de wēi xiào
就算你和我一样渴望着衰老	jiù suàn nǐ hé wǒ yí yàng kě wàng zhe shuāi lǎo
董小姐 你嘴角向下的时候很美	dǒng xiǎo jiě nǐ zuǐ jiǎo xiàng xià de shí hòu hěn měi
就像安和桥下清澈的水	jiù xiàng ān hé qiáo xià qīng chè de shuǐ
董小姐 我也是个复杂的动物	dǒng xiǎo jiě wǒ yě shì gè fù zá de dòng wù
嘴上一句带过 心里却一直重复	zuǐ shàng yí jù dài guò xīn lǐ què yì zhí zhòng fù
董小姐 鼓楼的夜晚时间匆匆	dǒng xiǎo jiě gǔ lóu de yè wǎn shí jiān cōng cōng
陌生的人 请给我一支兰州	mò shēng de rén qǐng gěi wǒ yì zhī lán zhōu
所以那些可能都不是真的	**suǒ yǐ nà xiē kě néng dōu bú shì zhēn de**
董小姐	dǒng xiǎo jiě
你才不是一个没有故事的女同学	nǐ cái bú shì yí gè méi yǒu gù shì de nǚ tóng xué
爱上一匹野马	ài shàng yì pǐ yě mǎ
可我的家里没有草原	kě wǒ de jiā lǐ méi yǒu cǎo yuán

这让我感到绝望 董小姐

董小姐 你熄灭了烟 说起从前

你说前半生就这样吧

还有明天

董小姐 你可知道我说够了再见

在五月的早晨终于丢失了睡眠

zhè ràng wǒ gǎn dào jué wàng dǒng xiǎo jiě

dǒng xiǎo jiě nǐ xī miè le yān shuō qǐ cóng qián

nǐ shuō qián bàn shēng jiù zhè yàng bā

hái yǒu míng tiān

dǒng xiǎo jiě nǐ kě zhī dào wǒ shuō gòu le zài jiàn

zài wǔ yuè de zǎo chénzhōng yú diu shī le shuì mián

(반 복)

所以那些可能都会是真的

董小姐 谁会不厌其烦地安慰

那无知的少年

我想和你一样 不顾那些所以

跟我走吧 董小姐

躁起来吧 董小姐

suǒ yǐ nà xiē kě néng dōu huì shì zhēn de

dǒng xiǎo jiě shuí huì bù yàn qí fán de ān wèi

nà wú zhī de shǎo nián

wǒ xiǎng hé nǐ yí yàng bù gù nà xiē suǒ yǐ

gēn wǒ zǒu bā dǒng xiǎo jiě

zào qǐ lái bā dǒng xiǎo jiě

 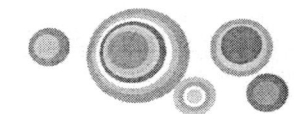

동 아가씨

아가씨 당신은 여태 당신의 미소를 잊지 않아

나처럼 당신이 늙기만을 바라고 있는거라고 생각해

아가씨 당신 입가가 아래로 향할 때 너무 아름다워

마치 안화다리 밑에 흐르는 맑고 투명한 물처럼

아가씨 나도 복잡한 동물 한 마리야

단 한번 했던 말이라도 맘속으로는 계속 되새겨

아가씨 고루의 밤, 시간은 총총 흘러가

저기, 제게 담배 한 대 주세요

그러니까 그것들은 전부 진짜가 아니야 아가씨

넌 고작 과거 하나 없는 여학생이 아니잖아

야생마 한마리를 사랑하게 됐는데

내 집에 초원이 없다는 게 날 절망하게 해 아가씨

아가씨 당신은 담뱃불을 껐고 과거라니 말인데

이전까지의 인생은 그냥 이렇게 두자고 말했어 내일이 있으니까

아가씨 당신은 내가 안녕이라고 몇번이나 말했는지 알 수 있어

5월의 이른 아침 결국 잠을 이루지 못했어

(반 복)

그러니까 그런 것들이 전부 진짜가 될지도 몰라 아가씨

누가 귀찮아 하지 않고 위로해줄까

그 어리석은 소년을 당신처럼 그런 것들을 신경쓰고 싶지 않아

그러니까 나랑 떠나자 아가씨 서둘러 아가씨

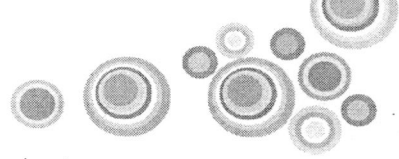

38. 往后余生 wǎng hòu yú shēng

在没风的地方找太阳	zài méi fēng de dì fāng zhǎo tài yáng
在你冷的地方做暖阳	zài nǐ lěng de dì fāng zuò nuǎn yáng
人事纷纷 你总太天真	rén shì fēn fēn nǐ zǒng tài tiān zhēn
往后的余生 我只要你	wǎng hòu de yú shēng wǒ zhǐ yào nǐ

往后余生 — **wǎng hòu yú shēng**

风雪是你 平淡是你 — **fēng xuě shì nǐ píng dàn shì nǐ**

清贫也是你 荣华是你 — **qīng pín yě shì nǐ róng huá shì nǐ**

心底温柔是你 — **xīn dǐ wēn róu shì nǐ**

目光所致也是你 — **mù guāng suǒ zhì yě shì nǐ**

想带你去看晴空万里 — xiǎng dài nǐ qù kàn qíng kōng wàn lǐ

想大声告诉你 我为你着迷 — xiǎng dà shēng gào sù nǐ wǒ wèi nǐ zháo mí

往事匆匆 你总会被感动 — wǎng shì cōng cōng nǐ zǒng huì bèi gǎn dòng

往后的余生 我只要你 — wǎng hòu de yú shēng wǒ zhǐ yào nǐ

往后余生 — wǎng hòu yú shēng

风雪是你 春华是你 — fēng xuě shì nǐ chūn huá shì nǐ

夏雨也是你 秋黄是你 — xià yǔ yě shì nǐ qiū huáng shì nǐ

四季冷暖是你 — sì jì lěng nuǎn shì nǐ

目光所致也是你 — mù guāng suǒ zhì yě shì nǐ

(반복)

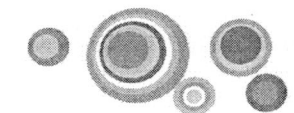

남은 인생

바람 한 점 없는 곳에서 태양을 찾아

네가 있는 곳에 따스함을 불어넣고 싶어.

별별 일이 벌어져도 넌 줄곧 순진했어.

이제부터 남은 내 인생에 너만 있으면 돼.

남은 내 인생에서 바람도 눈도 모두 다 네가 함께이길.

가난함도 부유함도 모두 다 네가 있기를.

마음 깊은 곳 번져오는 이 따스함도 네가 있기 때문이야.

지금 이 눈빛 또한 모두 다 너야.

너와 함께 드넓은 하늘을 보러 가고 싶어

큰 소리로 외치고 싶어 너에게 빠졌다고.

지난 일들이 너무나도 빨리 지나갔어

너는 언제나 감동 받았지.

이제부터 남은 내 인생에 너만 있으면 돼.

남은 내 인생에서 한 겨울 눈송이는 너야. 봄 꽃은 너야.

여름 날 시원하게 내리는 비도 너야. 가을 단풍도 너야.

사계의 모든 변화가 다 너야.

내 눈빛이 이렇게 변한 것도, 모두 다 널 바라보기 때문이야.

(반복)

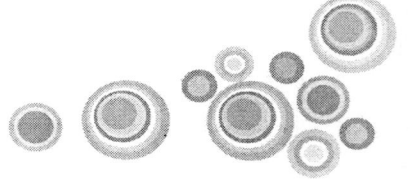

39. 当我想你的时候 dāng wǒ xiǎng nǐ de shí hòu

那一天我漫步在夕阳下	nà yì tiān wǒ màn bú zài xī yáng xià
看见一对恋人相互依偎	kàn jiàn yí duì liàn rén xiāng hù yī wēi
那一刻往事涌上心头	nà yí kè wǎng shì yǒng shàng xīn tóu
刹那间我泪如雨下	shā nà jiān wǒ lèi rú yǔ xià
昨夜我静呆立雨中	zuó yè wǒ jìng dāi lì yǔ zhōng
望着街对面一动不动	wàng zhe jiē duì miàn yí dòng bú dòng
那一刻仿佛回到从前	nà yí kè fǎng fó huí dào cóng qián
不由得我已泪流满面	bù yóu dé wǒ yǐ lèi liú mǎn miàn
至少有十年 我不曾流泪	**zhì shǎo yǒu shí nián wǒ bù céng liú lèi**
至少有十首歌 给我安慰	**zhì shǎo yǒu shí shǒu gē gěi wǒ ān wèi**
可现在我会莫名地哭泣	**kě xiàn zài wǒ huì mò míng de kū qì**
当我想你的时候	**dāng wǒ xiǎng nǐ de shí hòu**
生命就像是一场告别	shēng mìng jiù xiàng shì yì chǎng gào bié
从起点对一切说再见	cóng qǐ diǎn duì yí qiè shuō zài jiàn

梦想中国语　歌曲100

你拥有的仅仅是伤痕	nǐ yōng yǒu de jǐn jǐn shì shāng hén
在回望来路的时候	zài huí wàng lái lù de shí hòu
那天我们相遇在街上	nà tiān wǒ mén xiāng yù zài jiē shàng
彼此寒暄并报以微笑	bǐ cǐ hán xuān bìng bào yǐ wēi xiào
我们像朋友般挥手道别	wǒ mén xiàng péng yǒu bān huī shǒu dào bié
转过身后已泪流满面	zhuǎn guò shēn hòu yǐ lèi liú mǎn miàn

(반복)

至少有十年我不曾流泪	zhì shǎo yǒu shí nián wǒ bù céng liú lèi
至少有一些人给我安慰	zhì shǎo yǒu yì xiē rén gěi wǒ ān wèi
可现在我会莫名地心碎	kě xiàn zài wǒ huì mò míng de xīn suì
当我想你的时候	dāng wǒ xiǎng nǐ de shí hòu
可现在我会莫名地哭泣	kě xiàn zài wǒ huì mò míng de kū qì
当我想你的时候	dāng wǒ xiǎng nǐ de shí hòu

한데 네 생각이 날 때

그 날 발길 닿는 대로 석양 아래 걸었어

한 쌍의 연인 서로 다정히 기대 있는 걸 봤어

그 한 순간 옛 일이 마음속에 용솟음 쳤어

그 한 순간 눈물이 비 오듯 쏟아졌어

어젯밤 말없이 멍하니 빗속에 서 있었어

거리 바라보며 꼼짝 안 했어

그 한 순간 옛날로 돌아간 것 같았어

어느새 얼굴은 이미 눈물 범벅이었네

적어도 십년동안 눈물 흘릴 일 없었는데

적어도 십여 곡은 내게 위로가 되었는데

한데 네 생각이 날 때 지금은 이유 없이 흐느껴

생명은 흡사 한 바탕 작별인사 같아

시작부터 만남을 끝낼 때처럼

온 길을 돌아보는 순간에

네가 가진 건 점점 상처가 되네

우리 서로 길에서 우연히 만난 그 날

서로 곁 인사에 미소로 응답했네

우린 서로 껴안고 손 흔들리며 헤어졌네

돌아서자마자 얼굴은 이미 눈물범벅이었네

(반 복)

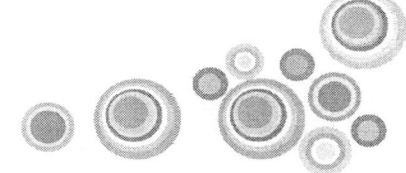

40. 沧海轻舟 cāng hǎi qīng zhōu

蓝天依然 白云散漫	lán tiān yī rán bái yún sàn màn
放眼世间 蒸腾一片	fàng yǎn shì jiān zhēng téng yí piàn
信仰欲望 花落草长	xìn yǎng yù wàng huā luò cǎo zháng
若说云烟 也非过眼	ruò shuō yún yān yě fēi guò yǎn
眼前彼岸 何止无边	yǎn qián bǐ àn hé zhǐ wú biān
纠缠解脱 与之何干	jiū chán jiě tuō yǔ zhī hé gàn
总有先贤 化星闪闪	zǒng yǒu xiān xián huà xīng shǎn shǎn
可我宁愿 灯火为伴	kě wǒ níng yuàn dēng huǒ wéi bàn
举头望月 月已不见	jǔ tóu wàng yuè yuè yǐ bú jiàn
跋山涉水 看不见 命如山	bá shān shè shuǐ kàn bú jiàn mìng rú shān
运似轻舟 世间沧海	yùn sì qīng zhōu shì jiān cāng hǎi

푸른 바다 위에 있는 가벼운 배

푸른 하늘은 여전히 흰구름이 산만하다 세상은 온통 번창하는가 보다.

신앙욕망 꽃이 떨어지고 풀이 난다. 구름과 연기라고 해도 과언이 아니다

눈 앞의 저쪽이 어디 끝이 없는가? 그와 무슨 상관이 있는지 모른다.

선현은 별이 되서 반짝이다. 나는 차라리 등불이 동반자가 되고 싶다

머리를 들어 달을 바라보니 보이지 않다.

산과 강을 건너 운명을 산처럼 보지 못한다.

가벼운 배를 실어 나르는 것은 세상은 푸른 바다와 같다.

41. 把酒倒满 bǎ jiǔ dào mǎn

如果爱是一杯穿肠的毒药 我喝过	rú guǒ ài shì yì bēi chuān cháng de dúyào wǒ hē guò
如果情是一汪人世间的浑水 我趟过	rú guǒ qíng shì yì wāng rén shì jiān de hún shuǐ wǒ tāng guò
如果我的命运注定坎坷	rú guǒ wǒ de mìng yùn zhù dìng kǎn kě
我不会问为什么	wǒ bú huì wèn wèi shén me
如果自暴自弃怨天由命 那不是我	rú guǒ zì bào zì qì yuàn tiān yóu mìng nà bú shì wǒ
如果你有一双飞翔的翅膀 还等什么	rú guǒ nǐ yǒu yì shuāng fēi xiáng de chì bǎng hái děng shén me
如果你的泪水已经汇聚成河 你在酿酒吗	rú guǒ nǐ de lèi shuǐ yǐ jīng huì jù chéng hé nǐ zài niàng jiǔ ma
如果历尽磨难受尽挫折	**rú guǒ lì jìn mó nán shòu jìn cuò shé**
老天还依然不放过我	**lǎo tiān hái yī rán bú fàng guò wǒ**
那么就让狂风暴雨来的更猛烈些吧	**nà me jiù ràng kuáng fēng bào yǔ lái de gèng měng liè xiē ba**

(반복) 1

把酒倒满吧 来他个不醉不休	bǎ jiǔ dǎo mǎn ba lái tā gè bú zuì bù xiū
我不想再问君有几多愁	wǒ bù xiǎng zài wèn jūn yǒu jǐ duō chóu
所有烦恼向东流	suǒ yǒu fán nǎo xiàng dōng liú
把酒倒满吧 来他个不醉不休	bǎ jiǔ dǎo mǎn ba lái tā gè bú zuì bù xiū

梦想中国语　歌曲100

我不想再问君有几多愁	wǒ bù xiǎng zài wèn jūn yǒu jǐ duō chóu
幸福的人请举手跟我走	xìng fú de rén qǐng jǔ shǒu gēn wǒ zǒu

(반복) 1 2

술을 가득 따라라

만약 사랑이 장을 뚫리는 한 잔의 독약이라면 나는 마셔 본 적이 있다.

만약 정이 세상의 혼탁한 물이라면 나는 건너본 적이 있다.

만약 내 운명이 이미 순탄하지 못하게 정해져 있다면

나는 왜 그런지 그 이유를 묻지 않을 것이네

만약 자포자기한 심정으로 하늘이 정해준 운명을 원망한다면

그것은 내가 아니요

만약 네게 날 수 있는 한 쌍의 날개가 있다면 무엇을 기다리고 있는가

니 눈물이 이미 한데 모여 강으로 이루었다면 뭐하나

너는 그 눈물로 술을 담글 것이냐

만약 세상의 모든 고난과 좌절을 다 겪었어도 하늘이 나를 놔주지 않다면

광풍과 폭우가 몰아쳐 올 때 더 거세게 오게 내버려 두자

자, 술을 가득 따라라. 취할 때까지 마시자.

나는 너에게 얼마나 많은 걱정이 있는지 다시 안 물어 볼래

행복한 사람들이여 손 들어 보라. 나와 함께 가자.

42. 思念谁 sī niàn shuí

你知不知道思念一个人的滋味　　nǐ zhī bù zhī dào sī niàn yí gè rén de zī wèi

就像喝了一杯冰冷的水　　jiù xiàng hē le yì bēi bīng lěng de shuǐ

然后用很长很长的时间　　rán hòu yòng hěn cháng hěn cháng de shí jiān

一颗一颗流成热泪　　yì kē yì kē liú chéng rè lèi

你知不知道寂寞的滋味　　**nǐ zhī bù zhī dào jì mò de zī wèi**

寂寞是因为思念谁　　**jì mò shì yīn wéi sī niàn shuí**

你知不知道痛苦的滋味　　**nǐ zhī bù zhī dào tòng kǔ de zī wèi**

痛苦是因为想忘记谁　　**tòng kǔ shì yīn wéi xiǎng wàng jì shuí**

你知不知道忘记一个人的滋味　　nǐ zhī bù zhī dào wàng jì yí gè rén de zī wèi

就像欣赏一种残酷的美　　jiù xiàng xīn shǎng yì zhǒng cán kù de měi

然后用很小很小的声音　　rán hòu yòng hěn xiǎo hěn xiǎo de shēng yīn

告诉自己坚强面对　　gào sù zì jǐ jiān qiáng miàn duì

(반복)

你知不知道　你知不知道　　nǐ zhī bù zhī dào　nǐ zhī bù zhī dào

(반복)

梦想中国语 歌曲100

누군가를 그리며

한 사람을 그리우는 느낌을 너 알아?

마치 차가운 물을 한 잔을 마시고

오랜 시간을 걸려서 한 방울 한 방울의 눈물을

뜨거운 눈물로 끓여 흘러 내리는 것과 같아.

넌 외로움의 맛을 잘 알아?

외로움은 누군가를 그리워하기 때문이야.

넌 고통스러운 느낌을 알아?

고통의 원인은 누군가를 잊으려 하기 때문이야.

넌 한 사람을 잊는 느낌을 알아?

마치 지독한 아름다움을 감상하는 것과 같아.

그 후에 작은 목소리로 자신한테

강경하게 맞서야 한다고 말하는 거야.

넌 알아 몰라? 넌 알아 몰라?

43. 女人花 nǚ rén huā

我有花一朵 种在我心中　　wǒ yǒu huā yì duǒ zhòng zài wǒ xīn zhōng

含苞待放意幽幽　　hán bāo dài fàng yì yōu yōu

朝朝与暮暮 我切切地等候　　zháo zháo yǔ mù mù wǒ qiè qiè de děng hòu

有心的人来入梦　　yǒu xīn de rén lái rù mèng

女人花 摇曳在红尘中　　**nǚ rén huā yáo yè zài hóng chén zhōng**

女人花 随风轻轻摆动　　**nǚ rén huā suí fēng qīng qīng bǎi dòng**

只盼望 有一双温柔手　　**zhī pàn wàng yǒu yì shuāng wēn róu shǒu**

能抚慰 我内心的寂寞　　**néng fǔ wèi wǒ nèi xīn de jì mò**

我有花一朵 花香满枝头　　wǒ yǒu huā yì duǒ huā xiāng mǎn zhī tóu

谁来真心寻芳踪　　shuí lái zhēn xīn xún fāng zōng

花开不多时 啊 堪折直须折　　huā kāi bù duō shí ā kān zhé zhí xū zhé

女人如花花似梦　　nǚ rén rú huā huā sì mèng

我有花一朵 长在我心中　　wǒ yǒu huā yì duǒ zháng zài wǒ xīn zhōng

真情真爱无人懂　　　　　　　　　zhēn qíng zhēn ài wú rén dǒng

遍地的野草 已占满了山坡　　　　biàn dì de yě cǎo yǐ zhàn mǎn le shān pō

孤芳自赏最心痛　　　　　　　　　gū fāng zì shǎng zuì xīn tòng

(반 복)

女人花 摇曳在红尘中　　　　　　nǚ rén huā　yáo yè zài hóng chén zhōng

女人花 随风轻轻摆动　　　　　　nǚ rén huā　suí fēng qīng qīng bǎi dòng

若是你 闻过了花香浓　　　　　　ruò shì nǐ　wén guò le huā xiāng nóng

别问我 花儿是为谁红　　　　　　bié wèn wǒ　huā ér shì wèi shuí hóng

爱过知情重 醉过知酒浓　　　　　ài guò zhī qíng zhòng zuì guò zhī jiǔ nóng

花开花谢终是空　　　　　　　　　huā kāi huā xiè zhōng shì kōng

缘分不停留 像春风来又走　　　yuán fēn bù tíng liú xiàng chūn fēng lái yòu zǒu

女人如花花似梦　　　　　　　　nǚ rén rú huā huā sì mèng

(반 복)

여인 꽃

나한테 꽃이 하나 있다. 내 마음 속에 심었어.

이제 꽃이 피려고 하네.

아침부터 저녁까지 나는 그대가 내 꿈에 오길 간절하게 기다리고 있어

여인 꽃은 세상에 흔들리고, 바람에 따라 흔들리고 있어.

단지 내 외로움을 감싸 줄 따뜻한 양 손을 바랄 뿐.

나한테 꽃이 하나 있다. 전 향기가 가득한 꽃 한송이야.

누가 진심으로 내 향기를 맡으러 올 까?

꽃은 펴 있는 시간은 짧으니 빨리 꺽여야 해.

여자는 꽃과 같고 꽃은 꿈과 같다.

나한테 꽃이 하나 있다. 내 마음에 키우고 있다.

그러나 내 진심을 아는 사람은 없어.

도처의 들꽃이 이미 산비탈을 차지하고 있고,

난 혼자 향기를 맡아야 하니 가장 마음이 아파.

여인 꽃은 세상에 흔들리고, 바람에 따라 흔들리고 있어.

짙은 꽃 향기를 맡고 나에게 묻지 마,누굴 위해 붉게 피었는지.

사랑을 하고 나면,정이 깊은 줄 알겠고,

술을 취해 보면 술이 독한 줄 알겠어.

꽃이 피고 지면 늘 허무해

인연은 기다리지 않는 봄 바람과 같아,

여인은 꽃과 같고 꽃은 꿈과 같아.

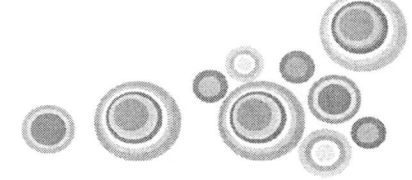

44. 生活不止眼前的苟且 shēng huó bù zhǐ yǎn qián de gǒu qiě

妈妈坐在门前	mā mā zuò zài mén qián
哼着花儿与少年	hēng zhe huā ér yǔ shǎo nián
虽已时隔多年	suī yǐ shí gé duō nián
记得她泪水涟涟	jì dé tā lèi shuǐ lián lián
那些幽暗的时光	nà xiē yōu àn de shí guāng
那些坚持与慌张	nà xiē jiān chí yǔ huāng zhāng
在临别的门前	zài lín bié de mén qián
妈妈望着我说	mā mā wàng zhe wǒ shuō
生活不止眼前的苟且	**shēng huó bù zhǐ yǎn qián de gǒu qiě**
还有诗和远方的田野	**hái yǒu shī hé yuǎn fāng de tián yě**
你赤手空拳来到人世间	**nǐ chì shǒu kōng quán lái dào rén shì jiān**
为找到那片海不顾一切	**wéi zhǎo dào nà piàn hǎi bù gù yí qiè**
她坐在我对面	tā zuò zài wǒ duì miàn
低头说珍重再见	dī tóu shuō zhēn zhòng zài jiàn
虽已时隔多年	suī yǐ shí gé duō nián
记得她泪水涟涟	jì dé tā lèi shuǐ lián lián
那些欢笑的时光	nà xiē huān xiào de shí guāng
那些誓言与梦想	nà xiē shì yán yǔ mèng xiǎng
在分手的街边	zài fēn shǒu de jiē biān
她紧抱着我说	tā jǐn bào zhe wǒ shuō

 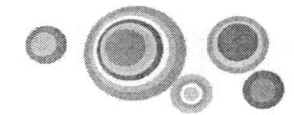

(반복)

我独自渐行渐远	wǒ dú zì jiàn xíng jiàn yuǎn
膝下多了个少年	xī xià duō le gè shǎo nián
少年一天天长大	shǎo nián yì tiān tiān cháng dà
有一天要离开家	yǒu yì tiān yào lí kāi jiā
看他背影的成长	kàn tā bèi yǐng de chéng cháng
看他坚持与回望	kàn tā jiān chí yǔ huí wàng
我知道有一天	wǒ zhī dào yǒu yì tiān
我会笑着对他说	wǒ huì xiào zhe duì tā shuō

(반복)

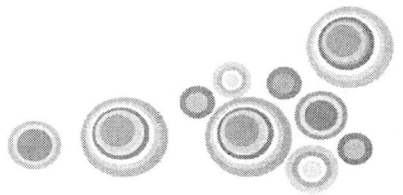

삶에는 눈 앞의 구차함만 있는 것이 아니다

엄마는 문 앞에 앉아 꽃과 소년이란 노래를 흥얼거렸다.

몇 년이 지났지만 흐르던 그녀의 눈물을 기억한다.

그 어둡던 시간, 그 견지와 당황

이별을 앞둔 문 앞에서 엄마가 나를 보며 말했다.

삶에는 눈 앞의 구차함만 있는 것이 아니라

시와 멀리 있는 들판도 있다.

너는 맨손으로 세상에 와서

그 바다를 찾기 위해 모든 것을 아랑곳하지 않아야 해.

그녀는 내 앞에 앉아 고개를 숙이고 몸조심하라고 인사했다.

오래되었지만 흐르던 그녀의 눈물을 기억하고 있다.

그 환하게 웃던 시간, 그 맹세와 꿈

헤어지던 길가에서 그녀는 나를 안고 말했다.

(반 복)

나는 홀로 점점 멀어져 슬하에 한 소년을 둔다.

소년은 매일 크게 자라, 어느날 집을 떠난다.

그의 성장하는 뒷모습을 보며

그의 견지와 되돌아보는 모습을 보며.

나는 언젠가 그에게 웃으며 이렇게 말할 것을 안다.

(반 복)

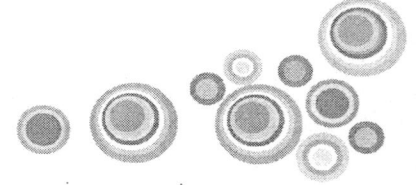

45. 夜空中最亮的星 yè kōng zhōng zuì liàng de xīng

夜空中最亮的星 　　　　yè kōng zhōng zuì liàng de xīng
能否听清 那仰望的人 　　néng fǒu tīng qīng nà yǎng wàng de rén
心底的孤独和叹息 　　　xīn dǐ de gū dú hé tàn xī
夜空中最亮的星 　　　　yè kōng zhōng zuì liàng de xīng
能否记起曾与我同行 　　néng fǒu jì qǐ céng yǔ wǒ tóng xíng
消失在风里的身影 　　　xiāo shī zài fēng lǐ de shēn yǐng
我祈祷拥有一颗透明的心灵 　wǒ qí dǎo yōng yǒu yì kē tòu míng de xīn líng
和会流泪的眼睛 　　　　hé huì liú lèi de yǎn jīng
给我再去相信的勇气 　　**gěi wǒ zài qù xiāng xìn de yǒng qì**
越过谎言去拥抱你 　　　**yuè guò huǎng yán qù yōng bào nǐ**
每当我找不到存在的意义 　**měi dāng wǒ zhǎo bù dào cún zài de yì yì**
每当我迷失在黑夜里 　　**měi dāng wǒ mí shī zài hēi yè lǐ**
夜空中最亮的星 　　　　**yè kōng zhōng zuì liàng de xīng**
请指引我靠近你 　　　　**qǐng zhǐ yǐn wǒ kào jìn nǐ**
夜空中最亮的星 　　　　yè kōng zhōng zuì liàng de xīng
是否知道曾与我同行的身影 　shì fǒu zhī dào céng yǔ wǒ tóng xíng de shēn yǐng
如今在哪里 　　　　　　rú jīn zài nǎ lǐ
夜空中最亮的星 　　　　yè kōng zhōng zuì liàng de xīng
是否在意是等太阳升起 　shì fǒu zài yì shì děng tài yáng shēng qǐ
还是意外先来临 　　　　hái shì yì wài xiān lái lín

我宁愿所有痛苦都留在心里	wǒ níng yuàn suǒ yǒu tòng kǔ dōu liú zài xīn lǐ
也不愿忘记你的眼睛	yě bú yuàn wàng jì nǐ de yǎn jīng

(반 복)

밤 하늘에 가장 빛나는 별

밤 하늘에 가장 빛나는 별,

저 바라보는 사람 마음 속의 외로움과 탄식을 알아 듣나요.

밤 하늘에 가장 빛나는 별,

일찍이 나와 함께였던 바람 속으로 사라진 그 그림자를 기억하나요

순수한 영혼을 지니기를 그리고 눈물 흘릴 수 있기를 기도해요.

나에게 다시 믿을 수 있는 용기를 주세요.

거짓말을 이겨내고 당신을 품에 안을게요.

내가 존재의 의미를 찾지 못할 때마다 내가 어둠 속에서 길을 잃을 때마다

밤하늘의 가장 빛나는 별

나를 당신에게 다가갈 수 있도록 인도해 주세요.

밤하늘에 가장 빛나는 별,

일찍이 나와 함께했던 그림자가 지금은 어디 있는지 알고 있나요

밤하늘에 가장 빛나는 별,

태양이 뜨기를 아니면 생각치 못한 우연으로 다가오길 마음에 두고 있나요.

나의 모든 고통이 마음 속에 남아 있다 해도

당신의 눈빛을 잊지 않기를 바래요. **(반 복)**

46. 何以爱情 hé yǐ ài qíng

我轻轻放开了手	wǒ qīng qīng fàng kāi le shǒu
低头沉默 安静地嘶吼	dī tóu chén mò ān jìng de sī hǒu
分开不过是眼泪	fēn kāi bú guò shì yǎn lèi
暂时停留在我的眼眸	zàn shí tíng liú zài wǒ de yǎn móu
从今后你的难过不再有我	cóng jīn hòu nǐ de nán guò bú zài yǒu wǒ
是否忘记我	shì fǒu wàng jì wǒ
再一万次 你回过头	zài yí wàn cì nǐ huí guò tóu
你会发现 还有我	nǐ huì fā xiàn hái yǒu wǒ
陌生的问句 总是来不及	**mò shēng de wèn jù zǒng shì lái bù jí**
代替我的不安着急	**dài tì wǒ de bù ān zháo jí**
这一场游戏 没有人犹豫	zhè yì chǎng yóu xì méi yǒu rén yóu yù
伤我绰绰有余	shāng wǒ chuō chuō yǒu yú
等待最后一眼 最后一遍	děng dài zuì hòu yì yǎn zuì hòu yí biàn
最后一天 最后一点	zuì hòu yì tiān zuì hòu yì diǎn
滴滴答答 消失的时间	dī dī dá dá xiāo shī de shí jiān
最后这场爱情	zuì hòu zhè chǎng ài qíng
难逃浩劫 倒数幻灭	nán táo hào jié dǎo shù huàn miè
这咸咸的告别	zhè xián xián de gào bié

沿海岸线终结

我几乎忘了最初

那种缓慢时光的虚度

爱情疯狂的程度谁能预估

还不如盲目

也许你从不在乎陪我跳完

最后这支舞

当每一天不能结束

yán hǎi àn xiàn zhōng jié

wǒ jǐ hū wàng le zuì chū

nà zhǒng huǎn màn shí guāng de xū dù

ài qíng fēng kuáng de chéng dù shuí néng yù gū

hái bù rú máng mù

yě xǔ nǐ cóng bú zài hū péi wǒ tiào wán

zuì hòu zhè zhī wǔ

dāng měi yì tiān bù néng jié shù

(반복)

무엇으로 사랑을 하나

가만히 잡은 손을 놓고 고개 숙이며 조용히 화를 참았어

이별이란 눈물이 잠시 내 눈동자에 머무를 뿐이야

앞으로 니 슬픔 안에 내가 더 이상 없을 거야

뒤돌아보면 난 항상 거기 있을 테니까

내게 하는 질문들은 항상 불안하고 초조한 답들뿐이고

이 팽팽한 줄다리기에 남은 건 상처뿐이지만

한번만 더, 정말 한번만 더, 오늘이 마지막이라고

미련에 미련으로 똑딱똑딱 흘러갔어

사랑은 온갖 상처를 버티지 못해 위태로워

파도처럼 부서져 물거품처럼

너 없이 느리게 가는 시간을 어떻게 보냈는지 모를 정도로

사랑은 미칠 것처럼 힘들 줄 생각도 못했어

맹목적으로 하는게 더 낫겠어

이 마지막 춤을 같이 추는 것에 동의하지

매일 매일 끝이 안 보일 때

(반복)

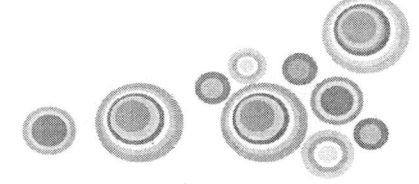

47. 春风十里　chūn fēng shí lǐ

我在二环路的里边想着你	wǒ zài èr huán lù de lǐ biān xiǎng zhe nǐ
你在远方的山上春风十里	nǐ zài yuǎn fāng de shān shàng chūn fēng shí lǐ
今天的风吹向你下了雨	jīn tiān de fēng chuī xiàng nǐ xià le yǔ
我说所有的酒都不如你	wǒ shuō suǒ yǒu de jiǔ dōu bù rú nǐ
我在鼓楼的夜色中	wǒ zài gǔ lóu de yè sè zhōng
为你唱花香自来	wèi nǐ chàng huā xiāng zì lái
在别处沉默相遇和期待	zài bié chǔ chén mò xiāng yù hé qī dài
飞机飞过车水马龙的城市	fēi jī fēi guò chē shuǐ mǎ lóng de chéng shì
千里之外不离开	qiān lǐ zhī wài bù lí kāi
把所有的春天	bǎ suǒ yǒu de chūn tiān
都揉进了一个清晨	dōu róu jìn le yí gè qīng chén
把所有停不下的言语	bǎ suǒ yǒu tíng bù xià de yán yǔ
变成秘密关上了门	biàn chéng mì mì guān shàng le mén
莫名的情愫啊	mò míng de qíng sù ā
请问谁来将它带走呢	qǐng wèn shuí lái jiāng tā dài zǒu ne
只好把岁月化成歌留在山河	zhī hǎo bǎ suì yuè huà chéng gē liú zài shān hé

(반 복)

봄바람 십리

나는 2환 도로 안에서 당신을 생각하고 있다

당신은 먼 산 위에서 봄 바람을 쐬고 있다

오늘의 바람이 당신에게 부르면서 비가 왔다

나는 모든 술이 당신보다 못하다고 말했다.

나는 북루의 밤 빛에서

당신을 위해 꽃향기 노래를 부르면

다른 곳에서 말없이 만나 기대

비행기가 차와 말이 오가는 도시를 날아갔다

천리 밖에서도 떠나지 않다

모든 봄을 아침으로 비볐다.

멈출 수 없는 모든 말을

비밀로 만들어 문을 닫았다

알 수 없는 정이여

누가 그것을 좀 가져 가줘요

어쩔 수 없이 세월을 노래로 만들어 세상에 남았다.

(반 복)

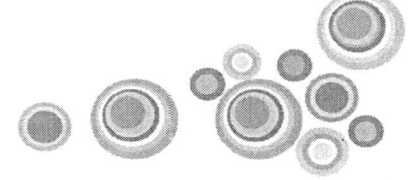

48. 借我 jiè wǒ

借我十年	jiè wǒ shí nián
借我亡命天涯的勇敢	jiè wǒ wáng mìng tiān yá de yǒng gǎn
借我说得出口的旦旦誓言	jiè wǒ shuō dé chū kǒu de dàn dàn shì yán
借我孤绝如初见	jiè wǒ gū jué rú chū jiàn
借我不惧碾压的鲜活	jiè wǒ bù jù niǎn yā de xiān huó
借我生猛与莽撞	jiè wǒ shēng měng yǔ mǎng zhuàng
不问明天	bú wèn míng tiān
借我一束光照亮黯淡	jiè wǒ yī shù guāng zhào liàng àn dàn
借我笑颜灿烂如春天	jiè wǒ xiào yán càn làn rú chūn tiān
借我杀死庸碌的情怀	jiè wǒ shā sǐ yōng lù de qíng huái
借我纵容的悲怆与哭喊	jiè wǒ zòng róng de bēi chuàng yǔ kū hǎn
借我怦然心动如往昔	jiè wǒ pēng rán xīn dòng rú wǎng xī
借我安适的清晨与傍晚	jiè wǒ ān shì de qīng chén yǔ bàng wǎn
静看光阴荏苒	**jìng kàn guāng yīn rěn rǎn**
借我喑哑无言	**jiè wǒ yīn yǎ wú yán**
不管不顾不问不说也不念	**bù guǎn bù gù bú wèn bù shuō yě bú niàn**

(반복)

빌려 주세요

나한테 10년을 빌려 주세요

하늘가로 망명한 용감함을 빌려 주세요.

말할 수 있는 맹세한 말을 빌려 주세요.

고독을 처음 본 것 처럼 빌려 주세요.

압력을 두려워하지 않는 씩씩함을 빌려 주세요.

내일을 묻지 않은 맹렬함과 용감함을 빌려 주세요

어둠을 밝혀 주는 한 줄기의 빛을 빌려 주세요.

봄처럼 환하게 웃는 미소를 빌려 주세요.

평범함을 죽이는 정서를 빌려 주세요.

슬픔과 울부짖음을 내버려 두는 것을 빌려 주세요.

예전처럼 두근거리는 것을 빌려 주세요.

조용한 아침과 저녁을 빌려 주세요.

조용히 지켜보는 시간이 덧없이 흐르다

침묵하고 말이 없는 것을 빌려 주세요.

개의치도 않고 신경 쓰지도 않고

묻지도 않고 말하지도 않고 생각하지도 않다.

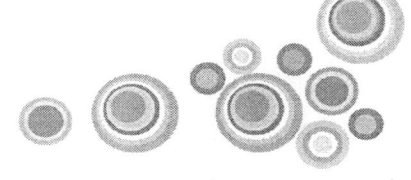

49.我们好像在哪见过

wǒ mén hǎo xiàng zài nǎ ér jiàn guò

我们好像在哪儿见过 你记得吗
wǒ mén hǎo xiàng zài nǎ ér jiàn guò nǐ jì dé ma

好像那是一个春天 我刚发芽
hǎo xiàng nà shì yí gè chūn tiān wǒ gāng fā yá

我走过 没有回头
wǒ zǒu guò méi yǒu huí tóu

我记得 我快忘了
wǒ jì dé wǒ kuài wàng le

我们好像在哪儿见过 你记得吗
wǒ mén hǎo xiàng zài nǎ ér jiàn guò nǐ jì dé ma

记得那是一个夏天盛开如花
jì dé nà shì yí gè xià tiān shèng kāi rú huā

我唱歌 没有对我
wǒ chàng gē méi yǒu duì wǒ

但我记得 可我快忘了
dàn wǒ jì dé kě wǒ kuài wàng le

我们好像在哪儿见过 你记得吗
wǒ mén hǎo xiàng zài nǎ ér jiàn guò nǐ jì dé ma

好像那是一个秋天 夕阳西下
hǎo xiàng nà shì yí gè qiū tiān xī yáng xī xià

你美得让我不敢和你说话
nǐ měi dé ràng wǒ bù gǎn hé nǐ shuō huà

你经过我时风起浮动我的发
nǐ jīng guò wǒ shí fēng qǐ fú dòng wǒ de fā

我们好像在哪见过你记得吗
wǒ mén hǎo xiàng zài nǎ jiàn guò nǐ jì dé ma

记得那是一个冬天 漫天雪花
jì dé nà shì yí gè dōng tiān màn tiān xuě huā

我走过 没有回头
wǒ zǒu guò méi yǒu huí tóu

我记得 我快忘了
wǒ jì dé wǒ kuài wàng le

我们好像在哪儿见过 你记得吗
那时你还是个孩子 我在窗棂下
我猜着你的名字 刻在了墙上
我画了你的模样 对着弯月亮
我们好像在哪儿见过 你记得吗
当我们来到今生 各自天涯
天涯相望 今生面对
谁曾想还能相遇
一切就像梦一样
我们好像在哪见过

wǒ mén hǎo xiàng zài nǎ ér jiàn guò nǐ jì dé ma
nà shí nǐ hái shì gè hái zǐ wǒ zài chuāng líng xià
wǒ cāi zhe nǐ de míng zì kè zài le qiáng shàng
wǒ huà le nǐ de mó yàng duì zhe wān yuè liàng
wǒ mén hǎo xiàng zài nǎ ér jiàn guò nǐ jì dé ma
dāng wǒ mén lái dào jīn shēng gè zì tiān yá
tiān yá xiāng wàng jīn shēng miàn duì
shuí céng xiǎng hái néng xiāng yù
yí qiè jiù xiàng mèng yí yàng
wǒ mén hǎo xiàng zài nǎ jiàn guò

우리 어디서 봤지?

우리 어디서 봤지? 기억해?
그 때는 봄이었고 나는 싹이 트였지
난 지나갔는데 머리를 안 돌았어
난 기억하고 있어. 잊을 뻔했네
우리 어디서 봤지? 기억해?
그게 여름이었고 꽃이 피었어
난 노래를 불렀는데 넌 대답 없었어

근데 난 기억나지, 근데 잊을 뻔했네

우리 어디서 봤지? 기억해?

그게 가을이었어. 석양이 내렸지

넌 너무 예뻐서 난 말조차 걸지 못했어

너 지나갈 때 바람이 내 머리카락을 스쳐 갔어

우리 어디서 봤지? 기억해?

그게 겨울이었지. 눈이 펑펑 내렸어

난 지나갔는데 머리를 안 돌았어

난 기억하고 있어. 잊을 뻔했네

우리 어디서 봤지? 기억해?

넌 그 때는 애기였고 창턱 아래에 있었어

난 너의 이름을 맞추면서 벽에다 새겼어

난 니 얼굴을 그렸어. 달을 보면서

우리 어디서 봤지? 기억해?

우리는 이번생에 와서 멀리 떨어져 있었는데

멀리서 바라보면서 다시 만난 걸 누가 알겠어

모든 게 꿈만 같아. 우리 어디서 봤지?

50. 爱，很简单 ài hěn jiǎn dān

I love you 无法不爱着你 baby	i love you wú fǎ bù ài zhe nǐ baby
说你也爱我喔～	shuō nǐ yě ài wǒ wō～
I love you 永远不愿意 baby 失去你	i love you yǒng yuǎn bù yuàn yì shī qù nǐ
忘了是怎么开始	wàng le shì zěn me kāi shǐ
也许就是对你一种感觉	yě xǔ jiù shì duì nǐ yì zhǒng gǎn jué
忽然间发现自己	hū rán jiān fā xiàn zì jǐ
已深深爱上你 真的很简单	yǐ shēn shēn ài shàng nǐ zhēn de hěn jiǎn dān
爱的地暗天黑 都已无所谓	ài de dì àn tiān hēi dōu yǐ wú suǒ wèi
是是非非无法抉择	shì shì fēi fēi wú fǎ jué zé
没有后悔为爱日夜去跟随	méi yǒu hòu huǐ wéi ài rì yè qù gēn suí
那个疯狂的人是我	nà gè fēng kuáng de rén shì wǒ
(반복)	
不可能更快乐	bù kě néng gèng kuài lè

只要能在一起做什么都可以　　　　　　　　zhǐ yào néng zài yì qǐ zuò shí me dōu kě yǐ

虽然世界变个不停　　　　　　　　　　　　suī rán shì jiè biàn gè bù tíng

用最真诚的心　让爱变的简单　　　　　　　yòng zuì zhēn chéng de xīn ràng ài biàn de jiǎn dān

(반 복)

I love you　一直在这里 baby　　　　　　　i love you　yì zhí zài zhè lǐ baby

一直在爱你　I love you oh yes I do　　　yì zhí zài ài nǐ i love you oh yes i do

永远都不放弃这爱的权利　　　　　　　　　yǒng yuǎn dōu bù fàng qì zhè ài de quán lì

如果你还有一些困惑　　　　　　　　　　　rú guǒ nǐ hái yǒu yì xiē kùn huò

oh no　请贴着我的心倾听　　　　　　　　oh no　qǐng tiē zhe wǒ de xīn qīng tīng

听我说着我爱你 yes I do　　　　　　　　tīng wǒ shuō zhe wǒ ài nǐ　yes i do

永远都不放弃这爱的权利　　　　　　　　　yǒng yuǎn dōu bù fàng qì zhè ài de quán lì

I love you　一直在这里 baby　　　　　　　i love you　yì zhí zài zhè lǐ baby

一直在爱你　i love you　　　　　　　　　yì zhí zài ài nǐ i love you

永远都不放弃这爱的权利　　　　　　　　　yǒng yuǎn dōu bù fàng qì zhè ài de quán lì

사랑은 매우 간단해

사랑해 너를 사랑하지 않을 수 없어 베이비

너 또한 나를 사랑한다고 말해 줘

영원히 너를 사랑해, 너를 잃길 싫어

어떻게 시작하는지 잊었어

아마도 너를 만났을 때 느낌을 받았어

갑자기 스스로 알아 차렸어

이미 깊게 너를 사랑하고 있는 걸

정말 너무 간단해

사랑으로 눈이 먼든 무슨 상관이야

옳고 그름을 선택할 수가 없어

밤낮으로 사랑하고 떠나가 버렸기에 후회는 없어

그 미친 사람이 나야 (반복)

이보다 더 즐거울 수 없어

너와 같이 있으면 무엇을 해도 괜찮아

세상이 쉼없이 변하더라도 내 진심으로 사랑을 간단하게 만들 거야(반복)

사랑해 계속 여기에 있어. 베이비 계속 널 사랑해

이 사랑하는 권리를 영원히 포기하지 않을 거야 (반복)

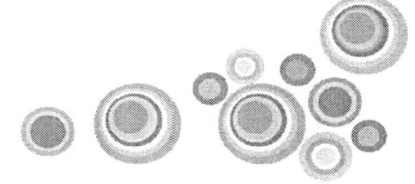

51. 爱的代价 ài de dài jià

还记得年少时的梦吗
hái jì dé nián shǎo shí de mèng ma

像朵永远不凋零的花
xiàng duǒ yǒng yuǎn bù diāo líng de huā

陪我经过那风吹雨打
péi wǒ jīng guò nà fēng chuī yǔ dǎ

看世事无常，看沧桑变化
kàn shì shì wú cháng, kàn cāng sāng biàn huà

那些为爱所付出的代价
nà xiē wéi ài suǒ fù chū de dài jià,

是永远都难忘的啊
shì yǒng yuǎn dōu nán wàng de ā

所有真心的痴心的话
suǒ yǒu zhēn xīn de chī xīn de huà,

永在我心中 虽然已没有他
yǒng zài wǒ xīn zhōng, suī rán yǐ méi yǒu tā

走吧 走吧
zǒu bā zǒu bā

人总要学着自己长大
rén zǒng yào xué zhe zì jǐ zhǎng dà

走吧 走吧
zǒu bā, zǒu bā,

人生难免经历苦痛挣扎
rén shēng nán miǎn jīng lì kǔ tòng zhēng zhá

走吧 走吧
zǒu bā, zǒu bā,

为自己的心找一个家
wéi zì jǐ de xīn zhǎo yí gè jiā

也曾伤心流泪，也曾黯然心碎
yě céng shāng xīn liú lèi, yě céng àn rán xīn suì

这是爱的代价
zhè shì ài de dài jià

也许我偶尔还是会想他
yě xǔ wǒ ǒu ěr hái shì huì xiǎng tā

偶尔难免会惦记着他
ǒu ěr nán miǎn huì diàn jì zhe tā

就当他是个老朋友啊
jiù dāng tā shì gè lǎo péng yǒu ā

梦想中国语 歌曲100

也让我心疼，也让我牵挂	yě ràng wǒ xīn téng, yě ràng wǒ qiān guà
只是我心中不再有火花，	zhī shì wǒ xīn zhōng bú zài yǒu huǒ huā,
让往事都随风去吧	ràng wǎng shì dōu suí fēng qù ba

(반복)

사랑의 대가

젊었을 때의 그 꿈을 아직 기억해? 영원히 시들어지지 않은 꽃처럼

내 곁에서 비바람을 함께 맞고 세상의 모든 변화를 같이 보는 거였지.

사랑 때문에 지불한 그 대가들 영원히 잊기 힘들어

진심을 담긴 모든 말들이 영원히 내 마음 속에 두고 있어,

비록 그는 벌써 내 옆에 없지만

가자, 가자, 사람은 결국 혼자 사는 법을 배워야 하는 거야

가자, 가자, 인생은 고난을 피할 수 없는 법이야

가자, 가자, 자신의 마음을 위해 머무를 집을 찾아 주자

슬퍼서 눈물도 흘려 봤고 가슴도 아팠지만 이것이 사랑의 대가야.

아마도 여전히 난 그대를 가끔 생각해, 가끔 그를 그리워해

근데 그를 오래된 친구로 여기자,

내 마음을 아프게 하고 나를 걱정시키지만

내 마음 속에 더 이상 사랑의 불꽃이 없어

지난 일들은 모두 바람에 흘려 보내자~

(반복)

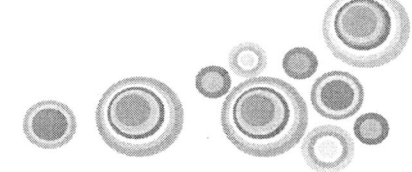

52. 行歌 xíng gē

成长是一场冒险	chéng cháng shì yì chǎng mào xiǎn
迷途的人先上路	mí tú de rén xiān shàng lù
年少时处处风景 不想回头	nián shǎo shí chù chù fēng jǐng bù xiǎng huí tóu
成长是一场游戏	chéng cháng shì yì chǎng yóu xì
勇敢的人先开始	yǒng gǎn de rén xiān kāi shǐ
跌撞再慌张前行 不说回头	diē zhuàng zài huāng zhāng qián xíng bù shuō huí tóu
行歌	xíng gē
在草长莺飞的季节里喃喃低唱	zài cǎo cháng yīng fēi de jì jié lǐ nán nán dī chàng
走过人潮汹涌 忽然止步	zǒu guò rén cháo xiōng yǒng hū rán zhǐ bù
怎么 热烈时一步倦怠	zěn me rè liè shí yí bù juàn dài
一步回望阑珊处	yí bù huí wàng lán shān chǔ
从前轻狂 绕过时光	cóng qián qīng kuáng rào guò shí guāng
成长是一场失去	chéng cháng shì yì chǎng shī qù
肩负枉然的意义	jiān fù wǎng rán de yì yì
无论你懂得与否 不能回头	wú lùn nǐ dǒng dé yǔ fǒu bù néng huí tóu
从哪来要往哪去	cóng nǎ lái yào wǎng nǎ qù
曾听爱的人说起	céng tīng ài de rén shuō qǐ
就此匆忙的错过 不必回头	jiù cǐ cōng máng de cuò guò bú bì huí tóu
行歌	xíng gē

在恍然半生的　　　　　　　　　　　zài huǎng rán bàn shēng de

好景里不再多想　　　　　　　　　　hǎo jǐng lǐ bú zài duō xiǎng

走过平淡日常 忽然止步　　　　　　zǒu guò píng dàn rì cháng hū rán zhǐ bù

怎么 伶仃时一步漠然　　　　　　　zěn me líng dīng shí yí bù mò rán

一步回首梦尽处　　　　　　　　　　yí bù huí shǒu mèng jìn chù

从前轻狂绕过时光　　　　　　　　　cóng qián qīng kuáng rào guò shí guāng

行歌　　　　　　　　　　　　　　　xíng gē

谁在一边走一边唱　　　　　　　　　shuí zài yì biān zǒu yì biān chàng

一边回头张望　　　　　　　　　　　yì biān huí tóu zhāng wàng

有些苦涩始终都要去尝　　　　　　　yǒu xiē kǔ sè shǐ zhōng dōu yào qù cháng

怎么 这些年不会失望　　　　　　　zěn me zhè xiē nián bú huì shī wàng

也不太提及过往　　　　　　　　　　yě bù tài tí jí guò wǎng

从前轻狂绕过时光　　　　　　　　　cóng qián qīng kuáng rào guò shí guāng

让我们彼此分享　　　　　　　　　　ràng wǒ mén bǐ cǐ fēn xiǎng

互相陪伴吧　　　　　　　　　　　　hù xiāng péi bàn ba

一起面对人生这一刻的孤独吧　　　　yì qǐ miàn duì rén shēng zhè yí kè de gū dú ba

从前轻狂绕过时光　　　　　　　　　cóng qián qīng kuáng rào guò shí guāng

가면서 노래하다

성장은 한 번의 모험이다.

길을 잃은 사람들이 먼저 출발한다

젊은 때 곳곳이 풍경이라서 뒤돌아보고 싶지 않아

성장은 한 개의 게임이다.

용감한 사람이 먼저 시작한다.

비틀거리며 다시 황급하게 앞으로 나아가다

넘어지다가 당황하고 또 계속 간다.

돌아간다고 하지 않다

가면서 노래하다.

풀이 자라고 꾀꼬리가 날은 계절에

중얼중얼 낮은 목소리로 노래하다

인파를 지나다가 갑자기 멈췄다

어째서 열렬할 때 한 걸음 지치고

한 걸음으로 망망한 곳을 바라보다

이전에는 경망스럽게 시간을 에돌았다

성장은 한 번의 잃어 버림이다.

헛된 의미를 짊어졌어

네가 알든 말든 돌이킬 수 없다

어디서 왔고 어디로 갈지

사랑했던 사람한테서 들어봤지만

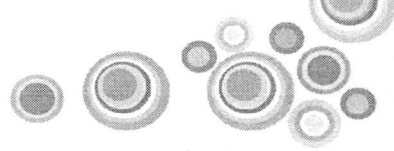

너무 바빠서 놓쳐 버렸어.

돌아설 필요가 없다

가면서 노래하다

문득 반생의 좋은 시절에 더 이상 생각하지 않다

평범했던 일상을 지나며 문득 멈췄다.

어째서 고독한 순간, 한 발자국도 무관심하나

한 걸음에 꿈의 끝이를 한 번 돌아보다

이전에는 경망스럽게 시간을 에돌았다

가면서 노래하다

누가 걸으면서 노래하면서 뒤돌아보고 있나

어떤 쓴 맛은 결국 직접 맛봐야 한다

어째서 그 동안 실망하지 않았니.

지난 일은 그다지 언급되지 않았니.

이전에는 경망스럽게 시간을 에돌았다

우리 서로를 나누면서 함께 살자

인생의 이 순간의 외로움을 같이 직면하자.

이전에는 경망스럽게 시간을 에돌았네.

 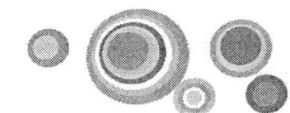

53.漂洋过海来看你 piāo yáng guò hǎi de lái kàn nǐ

为你我用了半年的积蓄	wèi nǐ wǒ yòng le bàn nián de jī xù
漂洋过海的来看你	piāo yáng guò hǎi de lái kàn nǐ
为了这次相聚	wèi le zhè cì xiāng jù
我连见面时的呼吸都曾反复练习	wǒ lián jiàn miàn shí de hū xī dōu céng fǎn fù liàn xí
言语从来没能将我的情意	yán yǔ cóng lái méi néng jiāng wǒ de qíng yì
表达千万分之一	biǎo dá qiān wàn fēn zhī yī
为了这个遗憾	wèi le zhè gè yí hàn
我在夜里想了又想不肯睡去	wǒ zài yè lǐ xiǎng le yòu xiǎng bù kěn shuì qù
记忆它总是慢慢的累积	jì yì tā zǒng shì màn màn de lèi jī
在我心中无法抹去	zài wǒ xīn zhōng wú fǎ mǒ qù
为了你的承诺	wèi le nǐ de chéng nuò
我在最绝望的时候都忍着不哭泣	wǒ zài zuì jué wàng de shí hòu dōu rěn zhe bù kū qì
陌生的城市啊 熟悉的角落里	mò shēng de chéng shì ā shóu xī de jiǎo luò lǐ
也曾彼此安慰 也曾相拥叹息	yě céng bǐ cǐ ān wèi yě céng xiāng yōng tàn xī
不管将会面对什么样的结局	bù guǎn jiāng huì miàn duì shén me yàng de jié jú
在漫天风沙里望着你远去	zài màn tiān fēng shā lǐ wàng zhe nǐ yuǎn qù
我竟悲伤的不能自己	wǒ jìng bēi shāng de bù néng zì jǐ
多盼能送君千里	duō pàn néng sòng jūn qiān lǐ
直到山穷水尽 一生和你相依	zhí dào shān qióng shuǐ jìn yì shēng hé nǐ xiāng yī

바다를 건너 당신을 만나러 왔어요.

나는 반년의 저축을 써서 바다를 건너 당신을 만나러 왔어요.

이번의 만남을 위해서 나는 호흡조차 계속 연습해 왔어요.

언어는 내 마음의 천만분의 일도 표현할 수 없었어요.

이 아쉬움 때문에 나는 밤에 생각하고 또 생각하느라 잠 이루지 못 했어요

기억은 항상 천천히 쌓여 내 마음 속에서 지워 버릴 수 없어요.

당신과의 약속을 위해 나는 가장 절망했을 때도 눈물을 꾹 참았어요.

낯선 도시의 이 익숙한 모퉁이에서

우리는 서로 위로하고 포옹하면서 탄식했지

앞으로 어떤 결말을 맞을지라도 관심 없었어

온 하늘 모래 바람 속에서 멀리 떠나는 당신의 모습을 지켜 봤어요

나는 결국 너무 마음이 아파 더 이상 버틸 수 없었어요.

당신을 멀리까지 배웅해야 하지만 평생 당신과 같이 있고 싶어요.

54. 梅雨 méi yǔ

天色将晚 雨水烂漫　　tiān sè jiāng wǎn yǔ shuǐ làn màn
故乡在远方　　gù xiāng zài yuǎn fāng
胭脂尽染 发鬓纷乱　　yān zhī jìn rǎn　fà bìn fēn luàn
故人在何方　　gù rén zài hé fāng
暮色四起 画笔刚落　　mù sè sì qǐ huà bǐ gāng luò
邀你共斟一杯酒　　yāo nǐ gòng zhēn yì bēi jiǔ
青梅之时 话离愁　　qīng méi zhī shí　huà lí chóu
倚窗红烛 虫声新透　　yǐ chuāng hóng zhú　chóng shēng xīn tòu
不知晓 转念隔春秋　　bù zhī xiǎo zhuǎn niàn gé chūn qiū
天色将晚 雨水烂漫　　tiān sè jiāng wǎn　yǔ shuǐ làn màn
故人归何处　　gù rén guī hé chǔ
胭脂尽染 发鬓纷乱　　yān zhī jìn rǎn　fà bìn fēn luàn
伊人曾留驻　　yī rén céng liú zhù
才下夜露 又过廊宇　　cái xià yè lù　yòu guò láng yǔ
照见几度伊人面　　zhào jiàn jǐ dù yī rén miàn
银汉西斜 天欲曙　　yín hàn xī xié　tiān yù shǔ
可怜梦晚 竟夕思牵　　kě lián mèng wǎn　jìng xī sī qiān
坐起时 此去已经年　　zuò qǐ shí cǐ qù yǐ jīng nián

 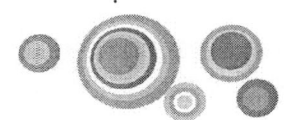

장마

날이 어두워지고 있지만 비가 많이 내리고 있다.

고향은 먼 곳에 있다

연지가 물들어 귀밑 머리가 어지러운데

그대는 어디에 있나?

어둠이 걷히고 붓을 방금 놨어.

당신을 초대하여 술 한 잔을 함께 마시다.

청매할 땐 말 이별의 슬픔을 얘기한다

창가에 기대하는 빨간 초, 울리고 있는 벌레 소리,

새벽이 온 것을 모르네

돌이켜 생각해 보니 봄과 가을이 지나갔다

날이 어두워지고 있지만 비가 많이 내리고 있다.

그대는 어디로 돌아가나

연지가 다 물들어 귀밑머리가 어지러웠어

그대는 여기서 있었어

밤 이슬이 내리면 또 복도를 지나

그대의 얼굴을 몇 번 본 적이 있다

별이 내려갔고 날이 밝히려 한다.

가련한 꿈만 밤새도록 그려진다

일어서 앉을 때 그대는

가고 난 지 이미 오래 되었다.

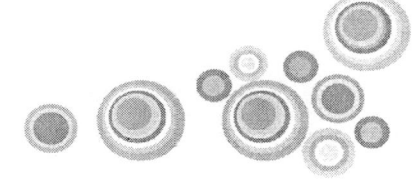

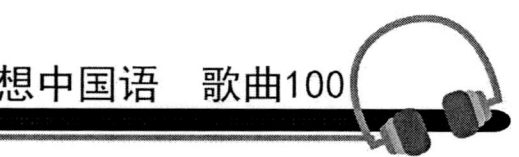

55. 领悟 lǐng wù

我以为我会哭 但是我没有	wǒ yǐ wéi wǒ huì kū dàn shì wǒ méi yǒu
我只是怔怔望着你的脚步	wǒ zhī shì zhēng zhēng wàng zhe nǐ de jiǎo bù
给你我最后的祝福	gěi nǐ wǒ zuì hòu de zhù fú
这何尝不是一种领悟	zhè hé cháng bú shì yì zhǒng lǐng wù
让我把自己看清楚	ràng wǒ bǎ zì jǐ kàn qīng chǔ
虽然那无爱的痛苦	suī rán nà wú ài de tòng kǔ
将日日夜夜在我灵魂最深处	jiāng rì rì yè yè zài wǒ líng hún zuì shēn chǔ
我以为我会报复 但是我没有	wǒ yǐ wéi wǒ huì bào fù dàn shì wǒ méi yǒu
当我看到我深爱过的男人	dāng wǒ kàn dào wǒ shēn ài guò de nán rén
竟然像孩子一样无助	jìng rán xiàng hái zǐ yí yàng wú zhù
这何尝不是一种领悟	zhè hé cháng bú shì yì zhǒng lǐng wù
让你把自己看清楚	ràng nǐ bǎ zì jǐ kàn qīng chǔ
被爱是奢侈的幸福	bèi ài shì shē chǐ de xìng fú
可惜你从来不在乎	kě xī nǐ cóng lái bú zài hū
啊 一段感情就此结束	ā yí duàn gǎn qíng jiù cǐ jié shù
啊 一颗心眼看要荒芜	ā yì kē xīn yǎn kàn yào huāng wú
我们的爱若是错误	wǒ mén de ài ruò shì cuò wù
愿你我没有白白受苦	yuàn nǐ wǒ méi yǒu bái bái shòu kǔ
若曾真心真意付出	ruò céng zhēn xīn zhēn yì fù chū

梦想中国语 歌曲100

就应该满足	jiù yīng gāi mǎn zú
啊 多么痛的领悟	ā duō me tòng de lǐng wù
你曾是我的全部	nǐ céng shì wǒ de quán bù
只是我回首来时路的每一步	zhī shì wǒ huí shǒu lái shí lù de měi yí bù
都走的好孤独	dōu zǒu de hǎo gū dú
啊！多么痛的领悟	ā！duō me tòng de lǐng wù
你曾是我的全部	nǐ céng shì wǒ de quán bù
只愿你挣脱情的枷锁	zhī yuàn nǐ zhèng tuō qíng de jiā suǒ
爱的束缚 任意追逐	ài de shù fù rèn yì zhuī zhú
别再为爱受苦	bié zài wéi ài shòu kǔ

깨달음

나는 내가 울 줄 알았는데 그렇지 않았죠

그저 당신의 발걸음을 멍하니 바라보면서 나의 마지막 축복을 주었죠

이런 건 깨달음이라 할 수 있죠. 나 자신을 뚜렷히 볼 수 있게 해 주었죠.

비록 사랑이 없는 고통은 언제나 내 영혼의 제일 깊은 곳에 있지만요.

나는 복수할 줄 알았는데 그렇지 않았어요.

내가 사랑했던 남자가 의외로 아이처럼 무려했다는 것을 봤을 때 깨달았죠.

이런 깨달음이 나 자신을 뚜렷히 보게 해 줬어요.

사랑을 받는다는 건 사치스러운 행복이지만

안타깝게도 당신은 한 번도 신경 쓰지 않았어요.

아! 한 동안의 감정이 여기서 끝이 났구나

아! 조각난 마음은 황폐함을 바라보네요

우리의 사랑이 만약 틀렸다면 우리는 헛된 아픔을 느끼지 않길 바래요

진심으로 사랑했었다면 그걸로 만족해야죠

아! 정말 아픈 깨달음이구나. 당신은 한 동안 나의 전부였어요.

단지 내가 뒤를 돌아봤을 때 걸어온 매 발걸음이 너무나 외로웠어요.

아! 정말 아픈 깨달음이구나. 당신은 한 동안 나의 전부였어요.

당신이 감정의 자물쇠와 사랑의 속박에서 벗어나길 빌어요.

다신 사랑 때문에 아프지 않기를 바래요.

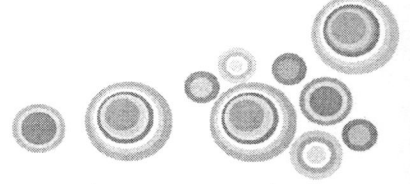

56. 给自己的歌 gěi zì jǐ de gē

想得却不可得 你奈人生何

该舍的舍不得

只顾着跟往事瞎扯

等你发现时间是贼了

它早已偷光你的选择

爱恋不过是一场高烧

思念是紧跟着的好不了的咳

是不能原谅 却无法阻挡

恨意在夜里翻墙

是空空荡荡 却嗡嗡作响

谁在你心里放冷枪

旧爱的誓言像极了一个巴掌

每当你记起一句 就挨一个耳光

然后好几年都

闻不得 闻不得女人香

往事并不如烟

xiǎng dé què bù kě dé nǐ nài rén shēng hé

gāi shě de shě bù dé

zhǐ gù zhe gēn wǎng shì xiā chě

děng nǐ fā xiàn shí jiān shì zéi le

tā zǎo yǐ tōu guāng nǐ de xuǎn zé

ài liàn bú guò shì yì chǎng gāo shāo

sī niàn shì jǐn gēn zhe de hǎo bù le de ké

shì bù néng yuán liàng què wú fǎ zǔ dǎng

hèn yì zài yè lǐ fān qiáng

shì kōng kōng dàng dàng què wēng wēng zuò

shuí zài nǐ xīn lǐ fàng lěng qiāng

jiù ài de shì yán xiàng jí le yí gè bā zhǎng

měi dāng nǐ jì qǐ yí jù jiù ái yí gè ěr guāng

rán hòu hǎo jǐ nián dōu

wén bù dé wén bù dé nǚ rén xiāng

wǎng shì bìng bù rú yān

是啊在爱里念旧也不算美德

可惜恋爱不像写歌

再认真也成不了风格

我问你见过思念放过谁呢

不管你是累犯或是从无前科

我认识的只有那合久的分了

没见过分久的合

岁月你别催　该来的我不推

该还的还　该给的我给

岁月你别催　走远的我不追

我不过是想弄清原委

谁能告诉我这是什么呢

他的爱在心里埋藏了　抹平了

几年了仍有余味

想得却不可得　你奈人生何

想得却不可得　情爱里无智者

shì ā zài ài lǐ niàn jiù yě bù suàn měi dé

kě xī liàn ài bú xiàng xiě gē

zài rèn zhēn yě chéng bù liǎo fēng gé

wǒ wèn nǐ jiàn guò sī niàn fàng guò shuí ne

bù guǎn nǐ shì lěi fàn huò shì cóng wú qián kē

wǒ rèn shí de zhī yǒu nà hé jiǔ de fēn le

méi jiàn guò fēn jiǔ de hé

suì yuè nǐ bié cuī gāi lái de wǒ bù tuī

gāi huán de huán　gāi gěi de wǒ gěi

suì yuè nǐ bié cuī zǒu yuǎn de wǒ bù zhuī

wǒ bú guò shì xiǎng nòng qīng yuán wěi

shuí néng gào sù wǒ zhè shì shén me ne

tā de ài zài xīn lǐ mái zàng le mǒ píng le

jǐ nián le réng yǒu yú wèi

(반복)

xiǎng dé què bù kě dé nǐ nai rén shēng hé

xiǎng dé què bù kě dé qíng ài lǐ wú zhì zhě

자신에게 준 노래

갖고 싶지만 갖지 못해.

인생을 뭐 어찌 할 수 있겠어?

포기해야 되는게 아까워하고 있어.

오로지 과거에 집착하고 있어

네가 시간이 도둑이라는 것을 발견할 때

그것은 이미 너의 모든 선택을 다 훔쳤다.

사랑을 한 차례의 고열에 불과해.

그리움은 따라오는 나아질 수 없는 기침이지.

용서할 수 없어. 하지만 막을 수 없어

밤중에 원한은 담을 뛰어넘어 왔어

텅 빈데 윙윙대는 소리가 나

누가 네 마음속에서 총을 쏘고 있어?

옛 사랑의 맹세는 마치 손바닥과 같다

네가 한마디씩 기억할 때마다 따귀를 하나씩 맞아

그리고 그 후의 몇 년 동안 난 여자의 향기를 맡지 못해.

지난 일은 결코 연기처럼 사라지지 않아.

그래. 사랑에서 옛일을 그리워하는 것이 뭐 미덕도 아니야.

애석하게도 연애는 노래 쓰는 것 같지 않아

아무리 진지해도 스타일은 될 수 없어.

그리움이 누구를 넣치는 것을 봤냐고

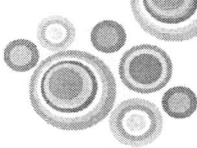

누범이든 초범이든.

내가 아는 사람 중에 헤어진 이별만 봤고

헤어지고 다시 만나는 것을 못 봤어

세월아, 날 재촉하지 마라

올 것은 사양하지 않을 거야

갚아야 할 것을 갚을 거고 줘야 할 것을 줄 거야

세월아, 날 재촉하지 마라

떠난 것을 쫓아가지 않을 거야.

난 그냥 이 사연 알고 싶은 뿐이야.

이게 뭔지 누가 내게 말해 줄래.

그의 사랑은 마음에 있다. 묻어둔 채로

몇 년 동안 아직도 여운이 남아 있어

(반복)

갖고 싶지만 갖지 못해.

인생을 뭐 어찌 할 수 있겠어?

갖고 싶지만 갖지 못해.

사랑에서 똑똑한 사람이 없다.

57. 征服 zhēng fú

终于你找到一个方式	zhōng yú nǐ zhǎo dào yí gè fāng shì
分出了胜负	fēn chū le shèng fù
输赢的代价是彼此粉身碎骨	shū yíng de dài jià shì bǐ cǐ fěn shēn suì gǔ
外表健康的你心里伤痕无数	wài biǎo jiàn kāng de nǐ xīn lǐ shāng hén wú shù
顽强的我是这场战役的俘虏	wán qiáng de wǒ shì zhè chǎng zhàn yì de fú lǔ
就这样被你征服	jiù zhè yàng bèi nǐ zhēng fú
切断了所有退路	qiē duàn le suǒ yǒu tuì lù
我的心情是坚固	wǒ de xīn qíng shì jiān gù
我的决定是糊涂	wǒ de jué dìng shì hú tú
就这样被你征服	jiù zhè yàng bèi nǐ zhēng fú
喝下你藏好的毒	hē xià nǐ cáng hǎo de dú
我的剧情已落幕	wǒ de jù qíng yǐ luò mù
我的爱恨已入土	wǒ de ài hèn yǐ rù tǔ
终于我明白两人要的	zhōng yú wǒ míng bái liǎng rén yào de
是一个结束	shì yí gè jié shù
所有的辩解	suǒ yǒu de biàn jiě
都让对方以为是企图	dōu ràng duì fāng yǐ wéi shì qǐ tú
放一把火烧掉你送我的礼物	fàng yī bǎ huǒ shāo diào nǐ sòng wǒ de lǐ wù

却浇不熄我胸口灼热的愤怒	què jiāo bù xī wǒ xiōng kǒu zhuó rè de fèn nù

(반 복)

你如果经过我的坟墓	nǐ rú guǒ jīng guò wǒ de fén mù
你可以双手合十为我祝福	nǐ kě yǐ shuāng shǒu hé shí wèi wǒ zhù fú

정 복

결국 당신은 승부를 가릴 방법을 찾아냈군요

승부의 대가는 서로의 뼈를 깎는 고통이었어요.

겉에서 건강해 보이는 당신은 마음 속에는 상처가 가득해요.

완강했던 나는 이 전쟁의 포로가 되어버렸어요

이렇게 난 당신에게 정복 당했네요. 나의 모든 퇴로를 끊겼어요

내 마음은 확고했지만 내 결정은 어리석었어요.

이렇게 난 당신에게 정복당했네요. 당신이 감추어둔 독을 마셨어요.

내 연극 줄거리는 이미 막을 내렸고 내 사랑과 미움도 벌써 묻혀 버렸어요.

이제서야 난 알았어요. 우리 서로가 원하던 건 끝이란 걸

모든 변명은 서로가 의도한 것이라 여기게 했어요.

당신이 내게 보낸 선물을 불태워 없앴어요.

하지만 내 가슴 속의 뜨거운 분노는 꺼지질 않네요. (반복)

만약 내 무덤을 지나가는 길이라면 두 손 모아 날 위해 축복해 줘도 돼요

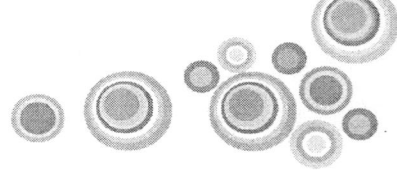

58. 若不是那次夜空 ruò bú shì nà cì yè kōng

若不是那次夜空	ruò bú shì nà cì yè kōng
突然的有了繁星	tū rán de yǒu le fán xīng
我说有一颗是你	wǒ shuō yǒu yì kē shì nǐ
会不会今天我们还在一起	huì bú huì jīn tiān wǒ mén hái zài yì qǐ
偶尔会谈起 你我的相遇	ǒu ěr huì tán qǐ nǐ wǒ de xiāng yù
把相遇放到今天	bǎ xiāng yù fàng dào jīn tiān
你是否还会爱我	nǐ shì fǒu hái huì ài wǒ
我是否还会爱你	wǒ shì fǒu hái huì ài nǐ
回忆越美好 如今越心酸	huí yì yuè měi hǎo rú jīn yuè xīn suān
想把你忘记 你越来越清晰	xiǎng bǎ nǐ wàng jì nǐ yuè lái yuè qīng xī
若不是你突然离开	**ruò bú shì nǐ tū rán lí kāi**
我还不知道	**wǒ hái bù zhī dào**
我是那么那么的爱你	**wǒ shì nà me nà me de ài nǐ**
伤心都来不及 只能看着回忆	shāng xīn dōu lái bù jí zhǐ néng kàn zhe huí yì
随着时间凋零 直到你想不起	suí zhe shí jiān diāo líng zhí dào nǐ xiǎng bù qǐ
曾经还有个我 爱你	céng jīng hái yǒu gè wǒ ài nǐ

若不是那次夜空	ruò bú shì nà cì yè kōng
突然的有了繁星	tū rán de yǒu le fán xīng
我说有一颗是你	wǒ shuō yǒu yì kē shì nǐ
回忆越美好　如今越心酸	huí yì yuè měi hǎo rú jīn yuè xīn suān
想把你忘记　你越来越清晰	xiǎng bǎ nǐ wàng jì nǐ yuè lái yuè qīng xī
若不是你突然离开　我还不知道	ruò bú shì nǐ tū rán lí kāi wǒ hái bù zhī dào
我是那么那么的爱你	wǒ shì nà me nà me de ài nǐ
伤心都来不及　只有看着回忆	shāng xīn dōu lái bù jí zhǐ yǒu kàn zhe huí yì
在传说中飘零	zài chuán shuō zhōng piāo líng
直到沉没海底	zhí dào chén mò hǎi dǐ
至此没了任何消息	zhì cǐ méi le rèn hé xiāo xī

(반복)

若还是那次夜空	ruò hái shì nà cì yè kōng
你是否还能爱我	nǐ shì fǒu hái néng ài wǒ
我是否还能爱你	wǒ shì fǒu hái néng ài nǐ

 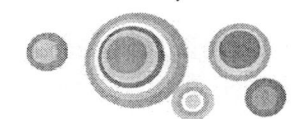

그 밤의 하늘이 아니었다면

그 밤에 하늘에 별이 잡자기 떴어요. 그 중에 하나는 당신이라고 말했죠.

그렇지 않았더라면 혹시 오늘 우리 아직도 사랑하고 있을 까요?

가끔은 당신와 나의 만남을 얘기를 해요.

오늘 만나면 우리 서로 사랑할 수 있을 까요?

추억이 아름다울수록 지금의 마음이 슬퍼지네요.

당신을 잊고 싶은데 점점 더 선명해져요.

당신이 갑자기 떠나 버릴 것이 아니었다면

난 당신을 그토록 사랑한 걸 아직도 몰랐을 거에요.

미처 슬프지 못하네요. 추억만 바라볼 수 밖에 없어요.

당신은 내가 사랑하고 있었단 사실을 생각나지 않을 때까지

세월이 흘러가겠지.

그 밤에 하늘에 별이 잡자기 떴어요.그 중에 하나는 당신이라고 말했죠.

그렇지 않았더라면……추억이 아름다울수록 지금의 마음이 슬퍼지네요.

당신을 잊고 싶은데 점점 더 선명해져요.

당신이 갑자기 떠나 버릴 것이 아니었다면

난 당신을 그토록 사랑한 걸 아직도 몰랐을 거에요.

미처 슬프지 못하네요. 추억만 바라볼 수 밖에 없어요.

전설 속에 떠돌아 다니다 바다 밑에 가라앉을 때까지 아무 소식이 없네요.

그 때의 밤 하늘이 다시 온다면

당신이 날 사랑할 수 있을 까요? 나는 당신을 사랑할 수 있을 까요?

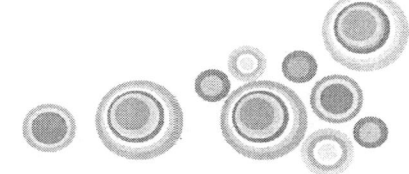

59. 默 mò

忍不住化身一条固执的鱼	rěn bù zhù huà shēn yì tiáo gù zhí de yú
逆着洋流独自游到底	nì zhe yáng liú dú zì yóu dào dǐ
年少时候虔诚发过的誓	nián shǎo shí hòu qián chéng fā guò de shì
沉默地沉没在深海里	chén mò de chén mò zài shēn hǎi lǐ
重温几次 结局还是 失去你	zhòng wēn jǐ cì jié jú hái shì shī qù nǐ
我被爱判处终身孤寂	wǒ bèi ài pàn chǔ zhōng shēn gū jì
不还手 不放手	bù huán shǒu　bú fàng shǒu
笔下画不完的圆	bǐ xià huà bù wán de yuán
心间填不满的缘是你	xīn jiān tián bù mǎn de yuán shì nǐ
为何爱判处众生孤寂	wèi hé ài pàn chǔ zhòng shēng gū jì
挣不脱 逃不过	zhèng bù tuō táo bú guò
眉头解不开的结	méi tóu jiě bù kāi de jié
命中解不开的劫是你	mìng zhōng jiě bù kāi de jié shì nǐ
啊 失去你 啊 我失去你	ā shī qù nǐ ā wǒ shī qù nǐ

침 묵

참지 못 해 난 고집스러운 한 마리의 물고기가 되어

혼자 해류를 거슬러 끝까지 버렸어

어렸을 적 진심을 담아 했던 맹세는

조용히 깊은 바다 속에 가라앉네

몇 번을 되새겨도 마지막은 결국 널 잃었어

사랑은 나에게 쓸쓸한 종신형을 내렸어

맞서 싸우지 않고 그만두지도 않아

완벽하지 않은 원을 그려

가슴 속에 채우지 못 한 것은 바로 너야

사랑은 왜 사람들을 외롭고 쓸쓸하게 할 까

벗어날 수 없고 뛰어넘을 수 없어

미간에 풀 수 없는 매듭,

인생에서 벗어날 수 없는 굴레는 바로 너야

아 당신을 잃었어 아 난 당신을 잃었어

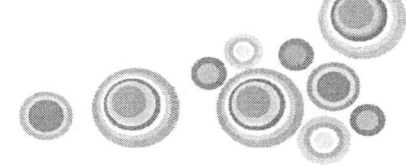

60. 小苹果 xiǎo píng guǒ

我种下一颗种子	wǒ zhǒng xià yì kē zhǒng zǐ
终于长出了果实	zhōng yú zháng chū le guǒ shí
今天是个伟大日子	jīn tiān shì gè wěi dà rì zǐ
摘下星星送给你	zhāi xià xīng xīng sòng gěi nǐ
拽下月亮送给你	zhuài xià yuè liàng sòng gěi nǐ
让太阳每天为你升起	ràng tài yáng měi tiān wèi nǐ shēng qǐ
变成蜡烛燃烧自己	biàn chéng là zhú rán shāo zì jǐ
只为照亮你	zhī wèi zhào liàng nǐ
把我一切都献给你 只要你欢喜	bǎ wǒ yí qiè dōu xiàn gěi nǐ zhǐ yào nǐ huān xǐ
你让我每个明天都变得有意义	nǐ ràng wǒ měi gè míng tiān dōu biàn dé yǒu yì yì
生命虽短爱你永远不离不弃	shēng mìng suī duǎn ài nǐ yǒng yuǎn bù lí bú qì
你是我的小呀小苹果儿	nǐ shì wǒ de xiǎo ya xiǎo píng guǒ ér
怎么爱你都不嫌多	zěn me ài nǐ dōu bù xián duō
红红的小脸儿温暖我的心窝	hóng hóng de xiǎo liǎn ér wēn nuǎn wǒ de xīn wō
点亮我生命的火火火火火火	diǎn liàng wǒ shēng mìng de huǒ huǒ huǒ huǒ huǒ huǒ

你是我的小呀小苹果儿	nǐ shì wǒ de xiǎo ya xiǎo píng guǒ ér
就像天边最美的云朵	jiù xiàng tiān biān zuì měi de yún duǒ
春天又来到了花开满山坡	chūn tiān yòu lái dào liǎo huā kāi mǎn shān pō
种下希望 就会收获	zhǒng xià xī wàng jiù huì shōu huò
从不觉得你讨厌	cóng bù jué dé nǐ tǎo yàn
你的一切都喜欢	nǐ de yí qiè dōu xǐ huān
有你的每天都新鲜	yǒu nǐ de měi tiān dōu xīn xiān
有你阳光更灿烂	yǒu nǐ yáng guāng gèng càn làn
有你黑夜不黑暗	yǒu nǐ hēi yè bù hēi àn
你是白云我是蓝天	nǐ shì bái yún wǒ shì lán tiān
春天和你漫步	chūn tiān hé nǐ màn bù
在盛开的花丛间	zài shèng kāi de huā cóng jiān
夏天夜晚陪你一起看星星眨眼	xià tiān yè wǎn péi nǐ yì qǐ kàn xīng xīng zhǎ yǎn
秋天黄昏与你徜徉在金色麦田	qiū tiān huáng hūn yǔ nǐ cháng yáng zài jīn sè mài tián
冬天雪花飞舞有你更加温暖	dōng tiān xuě huā fēi wǔ yǒu nǐ gèng jiā wēn nuǎn

(반복)

작은 사과

나는 씨앗을 하나 심었어. 이제 드디어 열매를 맺었네.

오늘은 위대한 날이야, 별과 달을 따서 너한테 줄게. 태양도 뜨게 해 줄게.

나는 초로 변하여 너만을 위해 비춰 줄게. 너만 좋으면 내 모든 걸 다 줄게.

너는 내 모든 내일을 의미 있게 만들었어.

인생은 짧지만 너를 영원히 사랑할 거야.

떠나지도 포기하지도 않을 거야.

넌 나의 작은 사과야.

아무리 사랑해도 찔리지 않아.

붉은 얼굴은 내 마음을 따뜻하게 해. 내 인생의 불을 켜 환하게 했어.

넌 나의 작은 사과야,

마치 하늘가의 가장 아름다운 구름과 같아.

니가 싫은 적이 없어. 너의 모든 것이 좋아.

니가 있으면 매일 새로워.

니가 있으면 밤도 어둡지 않아.

넌 하얀 구름이고 난 파란 하늘이야

봄에는 너와 같이 만개한 꽃밭에서 걷고

여름 밤에는 너와 같이 별을 봐.

가을에는 너와 같이 금색 보리 밭에 산책해,

겨울엔 눈꽃이 휘날리면 니가 있으니 더 따뜻할 거야.

(반복)

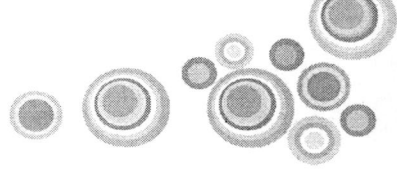

61. 海草舞 hǎi cǎo wǔ

像一棵海草海草海草海草　　xiàng yì kē hǎi cǎo hǎi cǎo hǎi cǎo hǎi cǎo

随波飘摇　　suí bō piāo yáo

海草海草海草海草浪花里舞蹈　　hǎi cǎo hǎi cǎo hǎi cǎo hǎi cǎo làng huā lǐ wǔ dǎo

海草海草海草海草　　hǎi cǎo hǎi cǎo hǎi cǎo hǎi cǎo

管它骇浪惊涛　我有我乐消遥　　guǎn tā hài làng jīng tāo wǒ yǒu wǒ lè xiāo yáo

人海啊　茫茫啊　　**rén hǎi ā máng máng ā**

随波逐流　浮浮沉沉　　**suí bō zhú liú fú fú chén chén**

人生啊　如梦啊　　**rén shēng ā rú mèng ā**

亲爱的你　在哪里　　**qīn ài de nǐ qīn ài de nǐ zài nǎ lǐ**

我走过最陡的山路　　wǒ zǒu guò zuì dǒu de shān lù

看过最壮丽的日出　　kàn guò zuì zhuàng lì de rì chū

在午夜公路旁　　zài wǔ yè gōng lù páng

对着夜空说我不服输　　duì zhe yè kōng shuō wǒ bù fú shū

押上了性命做赌注　　yā shàng le xìng mìng zuò dǔ zhù

也曾和魔鬼跳过舞　　yě céng hé mó guǐ tiào guò wǔ

早已看透那些套路　　zǎo yǐ kàn tòu nà xiē tào lù

留一点真就足够了　　liú yì diǎn zhēn jiù zú gòu le

喝过最烈的酒	hē guò zuì liè de jiǔ
也泡到过最高傲的妞	yě pào dào guò zuì gāo ào de niū
随性得像个浪子	suí xìng dé xiàng gè làng zǐ
也认真得像个傻子	yě rèn zhēn dé xiàng gè shǎ zǐ
我走过的黑暗与孤独	wǒ zǒu guò de hēi àn yǔ gū dú
受过的背叛和无助	shòu guò de bèi pàn hé wú zhù
却依然参不透这心魔	què yī rán cān bù tòu zhè xīn mó
只学会了率性而活	zhī xué huì le suài xìng ér huó
你我都是这茫茫人海中	nǐ wǒ dōu shì zhè máng máng rén hǎi zhōng
渺小不起眼的那一棵草	miǎo xiǎo bù qǐ yǎn de nà yì kē cǎo
但谁说小人物不可以做英雄	dàn shuí shuō xiǎo rén wù bù kě yǐ zuò yīng xióng
你我只是这茫茫人海中	nǐ wǒ zhī shì zhè máng máng rén hǎi zhōng
不知天高地厚的那一棵草	bù zhī tiān gāo dì hòu de nà yì kē cǎo
所以不要烦恼 开心就好	suǒ yǐ bú yào fán nǎo kāi xīn jiù hǎo
用力去爱 用力微笑	yòng lì qù ài yòng lì wēi xiào

(반복)

해초춤

해초처럼 물결 따라 흔들려

해초 해초 해초 해초 파도에서 춤을 춰

거칠고 사나운 파도를 막다 나는 즐거워

인파야 망망하다 물결을 따라 흐르다

인생은 꿈과 같아. 사랑하는 그대가 어디야.

나는 가장 가파른 산길을 걸었다. 가장 아름다운 해돋이를 보았다

한밤 중의 도로 옆에 밤 하늘을 향해 지는 것에 불복하다고 말했다.

목숨을 걸어 봤다. 귀신들과 춤을 추기도 했다.

이미 그런 룰을 간파했다. 조금의 진심만 남겨 두면 충분하다

가장 독한 술을 마셨다. 최고 도도한 여자도 사귀었다.

부랑아처럼 제멋대로 했었다. 바보처럼 진지하게 했었다

내가 걸어온 어둠과 고독, 받았던 배신과 무력함이 많았어.

하지만 여전히 이 마음 속에 악마를 알 수 없다

오직 진실하게 사는 것을 배웠다.

우리 다 망망한 인파 속의 보잘 것 없는 저 풀 한 포기이다.

하지만 누가 작은 인물이 영웅으로 될 수 없다고 했니

우리 다 망망한 인파 속의 속 세상 물정을 모르는 저 풀 한 포기이다.

그러니 걱정하지 마 고민하지 마.

최선을 다 해서 사랑을 하고 최선을 다해서 웃자

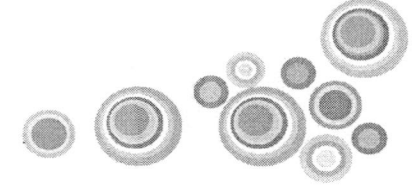

62. 当你老了 dāng nǐ lǎo le

当你老了 头发白了 睡意昏沉　　dāng nǐ lǎo le tóu fà bái le shuì yì hūn chén

当你老了 走不动了　　dāng nǐ lǎo le zǒu bú dòng le

炉火旁打盹 回忆青春　　lú huǒ páng dǎ dǔn huí yì qīng chūn

多少人曾爱你　　duō shǎo rén céng ài nǐ

青春欢畅的时辰　　qīng chūn huān chàng de shí chén

爱慕你的美丽 假意或真心　　ài mù nǐ de měi lì jiǎ yì huò zhēn xīn

只有一个人还爱你虔诚的灵魂　　zhī yǒu yí gè rén hái ài nǐ qián chéng de líng hún

爱你苍老的脸上的皱纹　　ài nǐ cāng lǎo de liǎn shàng de zhòu wén

当你老了 眼眉低垂　　dāng nǐ lǎo le yǎn méi dī chuí

灯火昏黄不定　　dēng huǒ hūn huáng bù dìng

风吹过来你的消息　　fēng chuī guò lái nǐ de xiāo xī

这就是我心里的歌　　zhè jiù shì wǒ xīn lǐ de gē

当我老了 我真希望　　dāng wǒ lǎo le wǒ zhēn xī wàng

这首歌是唱给你的　　zhè shǒu gē shì chàng gěi nǐ de

당신이 늙어지면.

당신이 늙어지면 머리가 하얘지고 졸음에 몽롱해 질 거에요.

당신이 늙어지면 걷지 못 하고 난로 곁에서 졸며 청춘을 기억할 거에요.

많은 사람들이 당신의 젊고 즐거웠던 때를 무척 좋아했죠

당신의 아름다움을 애모했죠, 진심이든 실심이든.

그러나 오직 한 사람만이 당신의 경건한 영혼을 사랑해요

당신의 나이 든 얼굴의 주름을 사랑해요.

당신이 늙어지면 눈썹이 쳐져 있을 거에요.

등불이 어스름하게 흔들려요. 바람 불어 당신의 소식을 가져와요.

이건 바로 내 마음 속의 노래이에요.

내가 늙어지면 이 노래가 당신에게 부르는 것이기를 바래요.

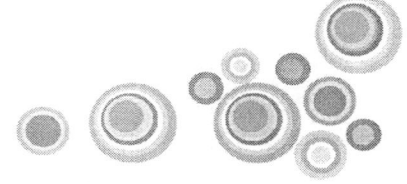

63. 中学时代 zhōng xué shí dài

穿过运动场 让雨淋湿
chuān guò yùn dòng chǎng ràng yǔ lín shī

我羞涩的你 何时变孤寂
wǒ xiū sè de nǐ hé shí biàn gū jì

躲在墙角里 偷偷的哭泣
duǒ zài qiáng jiǎo lǐ tōu tōu de kū qì

我忧郁的你 不许谁懂你
wǒ yōu yù de nǐ bù xǔ shuí dǒng nǐ

爱是什么 我不知道
ài shì shén me wǒ bù zhī dào

我不懂永远 我不懂自己
wǒ bù dǒng yǒng yuǎn wǒ bù dǒng zì jǐ

爱是什么 我还不知道
ài shì shén me wǒ hái bù zhī dào

谁能懂永远 谁能懂自己
shuí néng dǒng yǒng yuǎn shuí néng dǒng zì jǐ

把百合日记 藏在书包
bǎ bǎi hé rì jì cáng zài shū bāo

我纯真的你 我生命中的唯一
wǒ chún zhēn de nǐ wǒ shēng mìng zhōng de wéi yī

학창 시절

운동장을 지나가고 비에 흠뻑 젖어서

나의 수주운 그대여. 언제 그렇게 외롭게 변했는지

담모퉁이에 숨어서 몰래 눈물 흘리고 있어

머뭇 머뭇 망설이던 그대, 누가 이해해 주는 것도 원하지 않았어

사랑이 무엇인지 난 몰라

난 영원이 무엇인지 모르겠고 나 자신도 잘 몰라.

사랑이 무엇인지 난 아직도 몰라

누가 영원을 알 수 있겠니? 누가 자신을 알 수 있겠어?

백합 일기장을 가방 속에 담아 두고 다니던 순진한 그대여

내 생명 중의 유일이었어.

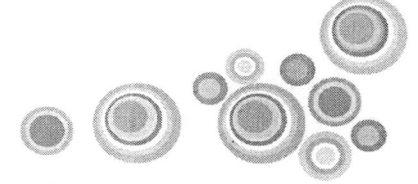

64. 那些花儿 nà xiē huā ér

那片笑声 — nà piàn xiào shēng

让我想起我的那些花儿 — ràng wǒ xiǎng qǐ wǒ de nà xiē huā ér

在我生命 — zài wǒ shēng mìng

每个角落静静为我开着 — měi gè jiǎo luò jìng jìng wéi wǒ kāi zhe

我曾以为 — wǒ céng yǐ wéi

我会永远守在她身旁 — wǒ huì yǒng yuǎn shǒu zài tā shēn páng

今天我们已经离去 — jīn tiān wǒ mén yǐ jīng lí qù

在人海茫茫 — zài rén hǎi máng máng

她们都老了吧 — tā mén dōu lǎo le bā

她们在哪里呀 — tā mén zài nǎ lǐ ya

幸运的是 我曾陪她们开放 — xìng yùn de shì wǒ céng péi tā mén kāi fàng

啦啦啦啦 啦啦啦啦 啦啦啦 想她 — lā lā lā lā lā lā lā lā lā lā lā xiǎng tā

啦啦啦啦 啦啦啦啦 她还在开吗 — lā lā lā lā lā lā lā lā tā hái zài kāi ma

啦啦啦啦 啦啦啦啦 啦啦啦 去呀 — lā lā lā lā lā lā lā lā lā lā qù ya

她们已经被风吹走 — tā mén yǐ jīng bèi fēng chuī zǒu

散落在天涯 — sàn luò zài tiān yá

有些故事还没讲完　　yǒu xiē gù shì hái méi jiǎng wán

那就算了吧　　nà jiù suàn le ba

那些心情在岁月中　　nà xiē xīn qíng zài suì yuè zhōng

已经难辨真假　　yǐ jīng nán biàn zhēn jiǎ

如今这里荒草丛生　　rú jīn zhè lǐ huāng cǎo cóng shēng

没有了鲜花　　méi yǒu le xiān huā

好在曾经　　hǎo zài céng jīng

拥有你们的春秋和冬夏　　yōng yǒu nǐ mén de chūn qiū hé dōng xià

(반복)

人们就像被风吹走　　rén mén jiù xiàng bèi fēng chuī zǒu

插在了天涯　　chā zài le tiān yá

她们都老了吧　　tā mén dōu lǎo le ba

她们还在开吗　　tā mén hái zài kāi ma

我们就这样各自奔天涯　　wǒ mén jiù zhè yàng gè zì bēn tiān yá

그 꽃들

저 웃음 소리는 나더러 그 꽃들을 떠올리게 하네

내 생명 중 모든 외진 곳에서 날 위해 조용히 피어 있어

난 한 때 영원히 그녀 옆에 있을 거라 생각했어

오늘 우린 이미 인파 속에 떠나가네

그 꽃들 모두 시들었겠지 그 꽃들 어디에 있을 까

난 운 좋게 그 꽃들이 필 때 옆에 있었어

라라라라라라라라라라 그 꽃이 그리워

라라라라라라라라라 그 꽃은 여전히 피어 있을까

라라라라라라라라라라 가네

그 꽃들 이미 바람에 날려 아득히 먼 곳에 떨어졌네

어떤 이야기들은 아직 덜 끝났는데 그래도 됐어

그런 마음 세월 속 이미 진짠지 가짠지 알기 어려워

지금 여기 잡초만 무성하고 꽃이 없어

다행히 한 때 너희들도 봄 가을 겨울 여름이 있었어 (반복)

사람들은 바람에 날려 아득히 먼 곳에 꽂히는 것 같아

그녀들은 늙었겠지. 그녀들은 여전히 피어 있을 까

우리는 이렇게 아득히 먼 곳에 떨어졌네

65. 卷珠帘 juǎn zhū lián

镌刻好 每道眉间心上	juān kè hǎo měi dào méi jiān xīn shàng
画间透过思量	huà jiān tòu guò sī liàng
沾染了 墨色淌 千家文 尽泛黄	zhān rǎn le mò sè tǎng qiān jiā wén jìn fàn huáng
夜静谧 窗纱微微亮	yè jìng mì　chuāng shā wēi wēi liàng
拂袖起舞 于梦中妩媚	fú xiù qǐ wǔ yú mèng zhōng wǔ mèi
相思蔓上心扉	xiāng sī màn shàng xīn fēi
犹眷恋 梨花泪	yóu juàn liàn lí huā lèi
静画红妆等谁归	jìng huà hóng zhuāng děng shuí guī
空留伊人徐徐憔悴	kōng liú yī rén xú xú qiáo cuì
啊 胭脂香味 卷珠帘 是为谁	A yān zhī xiāng wèi juǎn zhū lián shì wèi shuí
啊 不见高轩	A bújiàn gāo xuān
夜月明 此时难为情	yè yuè míng cǐ shí nánwéiqíng
细雨落入初春的清晨	xì yǔ luò rù chūchūn de qīngchén
悄悄唤醒枝芽	qiāoqiāo huànxǐng zhī yá
听微风 耳畔响	tīng wéifēng ěr pàn xiǎng
夜叹流水兮落花伤	yè tàn liúshuǐ xī luòhuā shāng
谁在烟云处琴声长	shéi zài yānyún chu qín shēng cháng

권주렴

눈썹 하나하나 그리며 마음속에 각인 시키오니 그림에서 그리움이 보인다

검은 묵이 다 젖어 흘러 천자문 책은 노랗게 되었다

밤이 깊어지고 생각에 젖어 새벽에 날이 밝아졌네

소매자락이 날리며 꿈속에서 참 예뻤다

생각하는 마음만 더욱 가득해지네.그녀는 배나무의 꽃의 눈물을 좋아해

조용히 화장을 하고 누구를 기다리네. 하지만 그녀는 천천히 초췌해졌어

아..연지의 향기야.. 구슬로 궨 발을 올리는 것은 누굴 위한 것인가

아..그대의 마차는 보이지 않고.밤하늘 달만이 밝아 이때 쑥스럽네

작은 비는 초봄 아침과 같이 찾아오고 조용히 새싹들을 일깨웠어

미풍의 소리가 귓가에 맴돌고 있어.

물이 흐르고 꽃이 떨어지는 것을 아쉬워 하며

구름속에서 누군가의 금 노래 소리만 들려 오네

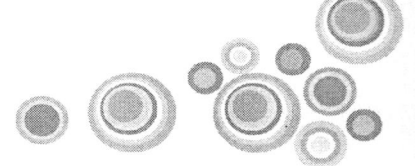

66. 十年 shí nián

如果那两个字没有颤抖	rú guǒ nà liǎng gè zì méi yǒu chàn dǒu
我不会发现我难受	wǒ bú huì fā xiàn wǒ nán shòu
怎么说出口 也不过是分手	zěn me shuō chū kǒu yě bú guò shì fēn shǒu
如果对于明天没有要求	rú guǒ duì yú míng tiān méi yǒu yào qiú
牵牵手就像旅游	qiān qiān shǒu jiù xiàng lǚ yóu
成千上万个门口	chéng qiān shàng wàn gè mén kǒu
总有一个人要先走	zǒng yǒu yí gè rén yào xiān zǒu
怀抱既然不能逗留	huái bào jì rán bù néng dòu liú
何不在离开的时候	hé bú zài lí kāi de shí hòu
一边享受一边泪流	yì biān xiǎng shòu yì biān lèi liú
十年之前 我不认识你	**shí nián zhī qián wǒ bú rèn shí nǐ**
你不属于我 我们还是一样	**nǐ bù shǔ yú wǒ wǒ mén hái shì yí yàng**
陪在一个陌生人左右	**péi zài yí gè mò shēng rén zuǒ yòu**

走过渐渐熟悉的街头
zǒu guò jiàn jiàn shú xī de jiē tóu

十年之后 我们是朋友
shí nián zhī hòu wǒ mén shì péng yǒu

还可以问候 只是那种温柔
hái kě yǐ wèn hòu zhǐ shì nà zhǒng wēn róu

再也找不到拥抱的理由
zài yě zhǎo bù dào yōng bào de lǐ yóu

情人最后难免沦为朋友
qíng rén zuì hòu nán miǎn lún wéi péng yǒu

怀抱既然不能逗留
huái bào jì rán bù néng dòu liú

何不在离开的时候
hé bú zài lí kāi de shí hòu

一边享受一边泪流
yì biān xiǎng shòu yì biān lèi liú

(반 복)

情人最后难免沦为朋友
qíng rén zuì hòu nán miǎn lún wéi péng yǒu

直到和你做了多年朋友
zhí dào hé nǐ zuò le duō nián péng yǒu

才明白我的眼泪
cái míng bái wǒ de yǎn lèi

不是为你而流 也为别人而流
bú shì wèi nǐ ér liú yě wéi bié rén ér liú

10 년

만약 그 두 글자에 떨지 않았더라면 내가 괴로운 것을 몰랐을 거야.

어떻게 입에서 뱉겠어, 그냥 이별에 불과하잖아.

만약 내일에 대한 요구 없으면 손을 잡는 것이 여행과 같을 거야.

수많은 문 앞에서 언젠가는 한 사람이 먼저 가야지.

포옹은 머무를 수 없으면 왜 헤어질 때

한편으론 즐겁다가도 한편으론 눈물이 나는 걸까?

10 년 전에 난 널 몰랐었고 넌 내 거 아니었어.

우린 그냥 똑같이 낯선 사람 옆에서 점점 익숙해진 거리를 걷겠지.

10 년 후에 우리는 친구가 됐어. 안부정도는 묻지만 그 온유함은

다시는 포옹해야 하는 이유를 찾을 수 없었어.

연인은 결국 친구로 변하는 걸 피할 수 없어.

너와 여러 해 동안 친구로 지내면서 그제서야 내 눈물을 이해했어

너를 위해 흐르는게 아니라 다른 사람을 위해 흐른다는 걸.

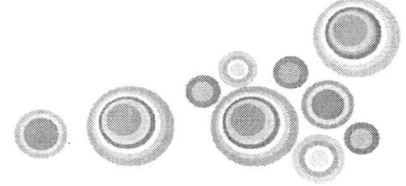

67. 你是我的眼 nǐ shì wǒ de yǎn

如果我能看得见	rú guǒ wǒ néng kàn dé jiàn
就能轻易的分辨白天黑夜	jiù néng qīng yì de fēn biàn bái tiān hēi yè
就能准确的在人群中	jiù néng zhǔn què de zài rén qún zhōng
牵住你的手	qiān zhù nǐ de shǒu
如果我能看得见	rú guǒ wǒ néng kàn dé jiàn
就能驾车带你到处遨游	jiù néng jià chē dài nǐ dào chǔ áo yóu
就能惊喜的从背后	jiù néng jīng xǐ de cóng bèi hòu
给你一个拥抱	gěi nǐ yí gè yōng bào
如果我能看得见	rú guǒ wǒ néng kàn dé jiàn
生命也许完全不同	shēng mìng yě xǔ wán quán bù tóng
可能我想要的	kě néng wǒ xiǎng yào de
我喜欢的我爱的都不一样	wǒ xǐ huān de wǒ ài de dōu bù yí yàng
眼前的黑不是黑	yǎn qián de hēi bú shì hēi
你说的白是什么白	nǐ shuō de bái shì shén me bái
人们说的天空蓝	rén mén shuō de tiān kōng lán
是我记忆中那团白云	shì wǒ jì yì zhōng nà tuán bái yún

背后的蓝天	bèi hòu de lán tiān
我望向你的脸	wǒ wàng xiàng nǐ de liǎn
却只能看见一片虚无	què zhī néng kàn jiàn yí piàn xū wú
是不是上帝在我眼前	shì bú shì shàng dì zài wǒ yǎn qián
遮住了帘 忘了掀开	zhē zhù le lián wàng le xiān kāi
你是我的眼	**nǐ shì wǒ de yǎn**
带我领略四季的变换	**dài wǒ lǐng lüè sì jì de biàn huàn**
你是我的眼	**nǐ shì wǒ de yǎn**
带我穿越拥挤的人潮	**dài wǒ chuān yuè yōng jǐ de rén cháo**
你是我的眼	**nǐ shì wǒ de yǎn**
带我阅读浩瀚的书海	**dài wǒ yuè dú hào hàn de shū hǎi**
因为你是我的眼	**yīn wéi nǐ shì wǒ de yǎn**
让我看见这世界	**ràng wǒ kàn jiàn zhè shì jiè**
就在我眼前	**jiù zài wǒ yǎn qián**

(반 복)

당신은 나의 눈이에요

내가 앞을 볼 수 있다면 낮과 밤을 쉽게 구별할 수 있겠죠

인파 속에서 정확히 당신의 손을 잡을 수 있겠죠

내가 앞을 볼 수 있다면 차로 당신을 태우고 여기저기 여행할 수 있겠죠

서프라이즈하게 등 뒤에서 백 허그 해 줄 수 있겠죠

내가 앞을 볼 수 있다면 인생이 어쩌면 완전히 달라졌 을지도 모르죠

어쩌면 내가 갖고 싶은 거 좋아하는 거 사랑하는 거 다 달랐을지도 몰라요

눈앞의 어둠은 어둠이 아니죠. 당신이 말한 하얀 색은 어떤 하얀 색인가요?

사람들이 말한 하늘색은 내 기억 속의 그 하얀 구름 뒤의 파란 하늘이에요

당신의 얼굴을 바라보려고 했지만 공백만 보였어요.

하느님이 내 눈 앞의 커튼을 내린 후 올리는 걸 잊은 건 아닐 까요?

당신은 나의 눈이에요 내가 사계절의 변화를 깨달을 수 있게 해 줬어요

당신은 나의 눈이에요. 내가 혼잡한 인파를 지나갈 수 있게 해 줬어요.

당신은 나의 눈이에요. 내게 넓은 책 바다를 읽을 수 있게 해 줬어요

당신은 나의 눈이라서 이 세상이 바로 내 눈 앞에 있다는 걸 보여 줬어요

68. 刚好遇见你 gāng hǎo yù jiàn nǐ

我们哭了 我们笑着	wǒ mén kū le wǒ mén xiào zhe
我们抬头望天空	wǒ mén tái tóu wàng tiān kōng
星星还亮着几颗	xīng xīng hái liàng zhe jǐ kē
我们唱着时间的歌	wǒ mén chàng zhe shí jiān de gē
才懂得相互拥抱	cái dǒng dé xiāng hù yōng bào
到底是为了什么	dào dǐ shì wèi le shén me
因为我刚好遇见你	yīn wéi wǒ gāng hǎo yù jiàn nǐ
留下足迹才美丽	liú xià zú jì cái měi lì
风吹花落泪如雨	fēng chuī huā luò lèi rú yǔ
因为不想分离	yīn wéi bù xiǎng fēn lí
因为刚好遇见你	yīn wéi gāng hǎo yù jiàn nǐ
留下十年的期许	liú xià shí nián de qī xǔ
如果再相遇 我想我会记得你	rú guǒ zài xiāng yù wǒ xiǎng wǒ huì jì dé nǐ

내가 딱맞게 너를 만났으니까

우린 울었어. 우린 웃었어.

우린 고개를 들어 하늘을 봤어. 별 몇개가 여전히 반짝이고 있어.

우린 시간 노래를 부르면서 이제야 서로 포옹하는 것을 배웠어

도대체 무엇 때문일까. 내가 딱맞게 너를 만났으니까.

너와 추억을 남겨야 아름답거든.

바람에 날려 꽃잎은 떨어지고, 눈물이 비처럼 쏟아졌어.

너랑 헤어지기 싫거든. 내가 딱맞게 너를 만났으니까.

10년이라는 기약을 남겼어.

혹시 다시 만난다면 난 너를 기억하고 있을 거야.

69. 你的背包 nǐ de bēi bāo

一九九五年 我们在机场的车站	yī jiǔ jiǔ wǔ nián wǒ mén zài jī chǎng de chē zhàn
你借我 而我不想归还	nǐ jiè wǒ ér wǒ bù xiǎng guī huán
那个背包载满纪念品和患难	nà ge bēi bāo zài mǎn jì niàn pǐn hé huàn nán
还有摩擦留下来的图案	hái yǒu mó cā liú xià lái de tú àn
你的背包 背到现在还没烂	nǐ de bēi bāo bēi dào xiàn zài hái méi làn
却成为我身体另一半	què chéng wéi wǒ shēn tǐ lìng yí bàn
千金不换 它已熟悉我的汗	qiān jīn bú huàn tā yǐ shú xī wǒ de hàn
它是我肩膀上的指环	tā shì wǒ jiān bǎng shàng de zhǐ huán
背了六年半 我每一天陪它上班	bèi le liù nián bàn wǒ měi yì tiān péi tā shàng bān
你借我 我就为你保管	nǐ jiè wǒ wǒ jiù wèi nǐ bǎo guǎn
我的朋友都说它旧得很好看	wǒ de péng yǒu dōu shuō tā jiù dé hěn hǎo kàn
遗憾是它已与你无关	yí hàn shì tā yǐ yǔ nǐ wú guān
你的背包 让我走得好缓慢	nǐ de bēi bāo ràng wǒ zǒu dé hǎo huǎn màn
终有一天陪着我腐烂	zhōng yǒu yì tiān péi zhe wǒ fǔ làn
你的背包 对我沉重的审判	nǐ de bēi bāo duì wǒ chén zhòng de shěn pàn
借了东西 为什么不还	jiè le dōng xī wèi shén me bù huán

너의 가방

1995년 우리는 공항 기차역에 있었지

네가 나에게 빌려 줬는데 난 돌려주고 싶지 않았던

그 가방에 기념품과 고통들로 가득 차 있어

그리고 남겨진 너와의 흔적까지도 있어

너의 가방을 지금까지 메고 있지만 아직도 닳지 않았어

오히려 내 몸의 일부가 되어 버렸고 이미 나의 땀에 익숙해졌어

이 가방은 돈을 많이 줘도 안 바꿀 거야. 이건 내 어깨 위의 반지야

난 6년 반 동안 매일 이 가방을 메고 출근했어

네가 빌려줬으니 널 위해 보관해 왔지

내 친구들은 모두 가방이 오래되었지만 보기 좋다고 해

아쉬운 건 이미 너와 아무 상관 없어졌다는 것

너의 가방은 나를 느리게 가게 하네 언젠가는 내 곁에서 썩어가겠지

너의 가방은 나에게 가혹한 심판이야. 왜 나는 돌려 주고 싶지 않았을 까

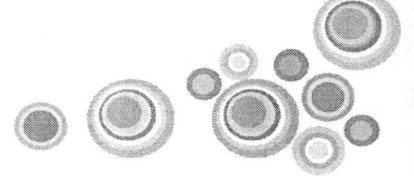

70. 追光者 zhuī guāng zhě

如果说你是海上的烟火	rú guǒ shuō nǐ shì hǎi shàng de yān huǒ
我是浪花的泡沫	wǒ shì làng huā de pào mò
某一刻你的光照亮了我	mǒu yí kè nǐ de guāng zhào liàng le wǒ
如果说你是遥远的星河	rú guǒ shuō nǐ shì yáo yuǎn de xīng hé
耀眼得让人想哭	yào yǎn dé ràng rén xiǎng kū
我是追逐着你的眼眸	wǒ shì zhuī zhú zhe nǐ de yǎn móu
总在孤单时候眺望夜空	zǒng zài gū dān shí hòu tiào wàng yè kōng
我可以跟在你身后	**wǒ kě yǐ gēn zài nǐ shēn hòu**
像影子追着光梦游	**xiàng yǐng zǐ zhuī zhe guāng mèng yóu**
我可以等在这路口	**wǒ kě yǐ děng zài zhè lù kǒu**
不管你会不会经过	**bù guǎn nǐ huì bú huì jīng guò**
每当我为你抬起头	**měi dāng wǒ wèi nǐ tái qǐ tóu**
连眼泪都觉得自由	**lián yǎn lèi dōu jué dé zì yóu**
有的爱像阳光倾落	yǒu de ài xiàng yáng guāng qīng luò
边拥有边失去着	biān yōng yǒu biān shī qù zhe
如果说你是夏夜的萤火	rú guǒ shuō nǐ shì xià yè de yíng huǒ
孩子们为你唱歌	hái zǐ mén wèi nǐ chàng gē
那么我是想要画你的手	nà me wǒ shì xiǎng yào huà nǐ de shǒu
你看我 多么渺小一个我	nǐ kàn wǒ duō me miǎo xiǎo yí gè wǒ

 梦想中国语 歌曲100

因为你有梦可做	yīn wéi nǐ yǒu mèng kě zuò
也许你不会为我停留	yě xǔ nǐ bú huì wéi wǒ tíng liú
那就让我站在你的背后	nà jiù ràng wǒ zhàn zài nǐ de bèi hòu

(반복)

| 有的爱像大雨滂沱 | yǒu de ài xiàng dà yǔ pāng tuó |
| 却依然相信彩虹 | què yī rán xiāng xìn cǎi hóng |

빛을 쫓는 이

니가 바다 위의 불꽃이라면, 나는 파도의 거품일 거야.

어느 순간, 너의 빛이 내게도 스며들었어.

니가 저 멀리 있는 사람을 울게 만들 정도로 눈부시는 은하수라면

나는 너를 쫓아 다니는 눈빛이야. 늘 홀로 밤 하늘을 바라다 볼 뿐이야.

난 네 뒤에서 따라갈 수 있어. 마치 그림자가 빛을 쫓아 몽유하듯이.

난 이 사거리에서 널 기다릴 수 있어. 네가 이 곳을 지나든 말든.

매번 내가 너를 위해 고개를 들 때 흐르는 눈물조차 자유롭다고 느껴.

어떤 사랑은 햇빛이 내리쬐는 것과 같아. 소유면서도 잃고 있거든.

만약 네가 여름 밤의 반딧불이라면 아이들이 너을 위해 노래를 부르면

그럼 난 너의 그림을 그리고 싶은 손이야. 나를 봐, 한없이 작고 작은 나를.

넌 이룰 수 있는 꿈이 있기에 아마 날 위해 멈춰 기다리지 않겠지.

그렇다면, 그저 네 뒤를 지킬 수 있게만 해 줘.

어떤 사랑은 폭우처럼 쏟아져. 그럼에도 여전히 무지개를 믿어.

71. 凉凉 liáng liáng

入夜渐微凉 繁花落地成霜　　rù yè jiàn wēi liáng fán huā luò dì chéng shuāng

你在远方眺望 耗尽所有暮光　　nǐ zài yuǎn fāng tiào wàng hào jìn suǒ yǒu mù guāng

不思量自难相忘 天天桃花凉　　bù sī liàng zì nán xiāng wàng yāo yāo táo huā liáng

前世你怎舍下这一海心茫茫　　qián shì nǐ zěn shě xià zhè yì hǎi xīn máng máng

还故作不痛不痒不牵强　　hái gù zuò bú tòng bù yǎng bù qiān qiáng

都是假象　　dōu shì jiǎ xiàng

凉凉夜色为你思念成河　　liáng liáng yè sè wèi nǐ sī niàn chéng hé

化作春泥呵护着我　　huà zuò chūn ní hē hù zhe wǒ

浅浅岁月拂满爱人袖　　qiǎn qiǎn suì yuè fú mǎn ài rén xiù

片片芳菲入水流　　piàn piàn fāng fēi rù shuǐ liú

凉凉天意潋滟一身花色　　liáng liáng tiān yì liàn yàn yì shēn huā sè

落入凡尘伤情着我　　luò rù fán chén shāng qíng zhe wǒ

生劫易渡情劫难了折旧的心　　shēng jié yì dù qíng jié nán liǎo shé jiù de xīn

还有几分前生的恨

还有几分前生的恨

也曾鬓微霜 也曾因你回光

悠悠岁月漫长

怎能浪费时光去流浪 去流浪

去换成长

灼灼桃花凉今生愈渐滚烫

一朵已放心上

足够三生三世背影成双

背影成双 在水一方

凉凉三生三世 恍然如梦

须臾的年风干泪痕

若是回忆不能再相认

hái yǒu jǐ fēn qián shēng de hèn

hái yǒu jǐ fēn qián shēng de hèn

yě céng bìn wēi shuāng yě céng yīn nǐ huí guāng

yōu yōu suì yuè màn cháng

zěn néng làng fèi shí guāng qù liú làng qù liú làng

qù huàn chéng cháng

zhuó zhuó táo huā liáng jīn shēng yù jiàn gǔn tàng

yì duǒ yǐ fàng xīn shàng

zú gòu sān shēng sān shì bèi yǐng chéng shuāng

bèi yǐng chéng shuāng zài shuǐ yì fāng

(반 복)

liáng liáng sān shēng sān shì huǎng rán rú mèng

xū yú de nián fēng gàn lèi hén

ruò shì huí yì bù néng zài xiāng rèn

 梦想中国语　歌曲100

就让情分落九尘	jiù ràng qíng fēn luò jiǔ chén
凉凉十里何时还会春盛	liáng liáng shí lǐ hé shí hái huì chūn shèng
又见树下一盏风存	yòu jiàn shù xià yī zhǎn fēng cún
落花有意流水无情	luò huā yǒu yì liú shuǐ wú qíng
别让恩怨爱恨	bié ràng ēn yuàn ài hèn
凉透那花的纯　吾生愿牵尘	liáng tòu nà huā de chún wú shēng yuàn qiān chén

쌀쌀해

날이 어두워져 점점 쌀쌀해지더니

무성한 꽃이 바닥에 떨어져 서리가 되었네요

당신은 멀리서 석양이 지는걸 바라보고만 있어요

그리워하지 않으려고 해도 서로를 잊기가 어려워요

무성했던 복숭아 꽃은 시들었지만 어떻게 그대를 잊나요

일부러 아프지도 가렵지도 무리하지도 않으려고 했으나 모두 거짓이었구나.

쌀쌀한 밤에 그대를 향한 그리움이 강으로 변했어요/

그 것이 봄날의 진흙이 되어 저를 감싸 주네요

스치듯 흘러간 그대와의 사랑이 옷자락에 가득 스며들어

조각조각 향기가 되어 흐르는 물에 떨어지네요.

슬픈 하늘의 뜻이 온몸에 화색되어 넘실거리다가

속세에 떨어져 제 마음을 아프게 하네요

몸이 멀어지는건 쉬웠으나 사랑하는 나의 마음을 버리는건 힘들구나

꺾이고 헐은 나의 마음에 전생의 한이 아직 너무 많구나

전생의 한이 아직 너무 많구나

당신을 추억하다 이미 귀밑머리는 서리처럼 하얘졌고

세월이 멀다한들 어찌 시간을 낭비할수 있으랴

떠돌은 만큼 그리움만 커져가네요

빛나는 복숭아 꽃은 처량했는데 이번 생은 점점 뜨거워지는구나

한 송이 꽃을 이미 마음에 담아두니

세번의 생을 그대와 함께하기에 충분하구나

그대와 함께 물가에 있구나. (반복)

슬픈 세번의 삶이 마치 꿈만 같아요

잠깐의 시간이 흐르니 바람에 눈물도 말라 버렸어요

만약에 기억이 서로 알아보지 못한다면

수없이 속세에 떨어져서라도 사랑하면 되

언제쯤 쓸쓸한 십리에 복숭아 꽃이 만개한 봄이 올까요?

다시 나무 아래 한 줄기 바람을 볼 수 있을까요?

떨어지는 꽃은 사랑하는 마음이 있으나 흐르는 물은 무정하니

은원과 애한이 그 꽃의 순수함을 물들게 하지 마오

나의 삶이 속세에 메이길 바래

72. 年轮说 nián lún shuō

看回忆这把刀	kàn huí yì zhè bǎ dāo
切开我身体研究我的风雨	qiē kāi wǒ shēn tǐ yán jiū wǒ de fēng yǔ
这圈是我 那圈是你	zhè quān shì wǒ nà quān shì nǐ
开过心的开心	kāi guò xīn de kāi xīn
看成长的痕迹	kàn chéng cháng de hén jì
包裹我生命	bāo guǒ wǒ shēng mìng
篆刻我的章印	zhuàn kè wǒ de zhāng yìn
计算着我 计算着你	jì suàn zhe wǒ jì suàn zhe nǐ
过不去的过去	guò bù qù de guò qù
一是婴儿哭啼 二是学游戏	yī shì yīng ér kū tí èr shì xué yóu xì
三是青春物语	sān shì qīng chūn wù yǔ
四是碰巧遇见你	sì shì pèng qiǎo yù jiàn nǐ
了解这个你 沉迷这个你	le jiě zhè gè nǐ chén mí zhè gè nǐ

时间暂停再继续	shí jiān zàn tíng zài jì xù
十是寂寞夜里 百是怀了疑	shí shì jì mò yè lǐ bǎi shì huái le yí
千是挣扎梦醒	qiān shì zhèng zhā mèng xǐng
万是铁心离开你	wàn shì tiě xīn lí kāi nǐ
经历这个你活成这个	jīng lì zhè ge nǐ huó chéng zhè ge
我细数自己 听远方的信号	wǒ xì shù zì jǐ tīng yuǎn fāng de xìn hào
痛过的美丽 仍将冉冉升起	tòng guò de měi lì réng jiāng rǎn rǎn shēng qǐ
想起的我想起了你	xiǎng qǐ de wǒ xiǎng qǐ le nǐ
难跨过的难过 听发出的警告	nán kuà guò de nán guò tīng fā chū de jǐng gào
余烬的烟蒂 仍将燃烧思念	yú jìn de yān dì réng jiāng rán shāo sī niàn
烧毁了我 烧毁了你	shāo huǐ le wǒ shāo huǐ le nǐ
未到来的未来	wèi dào lái de wèi lái

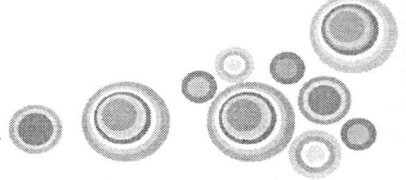

연륜설

이 칼과 같은 추억을 봐.

내 몸을 잘라 내 경력을 연구를 하네

이 부분은 나이고, 저 부분은 너야. 마음을 열었던 즐거운

성장의 흔적을 봐. 내 생명을 감싸고 내 도장을 새겨

날 계산하고, 널 계산해. 보내지 못한 과거야

첫 번째는 아이의 울음 소리, 두 번째로는 놀이를 배워

세 번째는 청춘의 이야기이고, 네 번째는 널 우연히 만난 거야

이런 널 이해하고, 이런 너에게 깊이 빠져

시간이 멈췄다가 다시 흘렸어

열 번째는 외로운 밤이었고, 백 번째는 의심을 했을 때였고

천 번째는 꿈에서 깨려 발버둥친 때였고,

만 번째는 널 떠나기로 단단히 마음 먹었을 때야

이런 널 겪었고 이런 내 삶을 살아

그리고 내 자신을 자세히 세어 봤어

멀리서 오는 신호를 들어.

아팠던 아름다움은 여전히 서서히 떠올라

생각하던 나는 널 떠올려 극복하지 못한 아픔이야

경고를 들어. 타다 남은 담배꽁초는 여전히 그리움을 태워

나를 태우고 너를 태워 아직 오지 않은 미래야

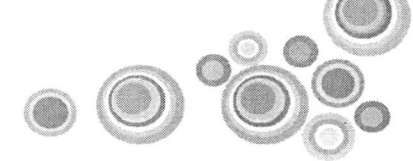

73. 突然好想你 tū rán hǎo xiǎng nǐ

最怕空气突然安静	zuì pà kōng qì tū rán ān jìng
最怕朋友突然的关心	zuì pà péng yǒu tū rán de guān xīn
最怕回忆突然翻滚 绞痛着不平息	zuì pà huí yì tū rán fān gǔn jiǎo tòng zhe bù píng xī
最怕突然听到你的消息	zuì pà tū rán tīng dào nǐ de xiāo xī
想念如果会有声音	xiǎng niàn rú guǒ huì yǒu shēng yīn
不愿那是悲伤的哭泣	bú yuàn nà shì bēi shāng de kū qì
事到如今终于让自己属于我自己	shì dào rú jīn zhōng yú ràng zì jǐ shǔ yú wǒ zì jǐ
只剩眼泪还骗不过自己	zhī shèng yǎn lèi hái piàn bú guò zì jǐ
突然好想你 你会在哪里	**tū rán hǎo xiǎng nǐ nǐ huì zài nǎ lǐ**
过得快乐或委屈	**guò de kuài lè huò wěi qū**
突然好想你 突然锋利的回忆	**tū rán hǎo xiǎng nǐ tū rán fēng lì de huí yì**
突然模糊的眼睛	**tū rán mó hú de yǎn jīng**
我们像一首最美丽的歌曲	wǒ mén xiàng yī shǒu zuì měi lì de gē qǔ
变成两部悲伤的电影	biàn chéng liǎng bù bēi shāng de diàn yǐng
为什么你带我走过最难忘的旅行	wèi shén me nǐ dài wǒ zǒu guò zuì nán wàng de lǚ xíng
然后留下最痛的纪念品	rán hòu liú xià zuì tòng de jì niàn pǐn
我们那么甜那么美 那么相信	wǒ mén nà me tián nà me měi nà me xiāng xìn
那么疯 那么热烈的曾经	nà me fēng nà me rè liè de céng jīng
为何我们还是要	wèi hé wǒ mén hái shì yào

奔向各自的幸福和遗憾中老去 | bēn xiàng gè zì de xìng fú hé yí hàn zhōng lǎo qù

갑자기 네가 너무 그리워

분위기가 갑자기 조용해지는 것이 가장 두려워

친구의 갑작스런 안부가 가장 두려워

갑작스레 추억이 들춰져 아픔이 가라앉지 않는 게 가장 두려워

갑자기 니 소식을 듣는 게 가장 두려워

그리움에 소리가 있다면 슬픈 흐느낌은 아니었으면 해

이렇게 되고서야 마침내 나 자신으로 돌아왔는데

눈물만은 나 자신을 속일 수가 없어

갑자기 니가 너무 보고 싶어. 넌 지금 어디야

잘 지내니 힘들게 지내니

갑자기 네가 너무 그리워.

갑자기 날카로운 추억. 갑작기 흐려지는 눈

우리는 가장 아름답운 노래 같았는데

두 편의 슬픈 영화로 변해 버렸어

왜 넌 나를 데리고 잊을 수 없는 여행을 떠났다가

가장 아픈 기념품만을 남겨 줬는지

우리는 그렇게나 달콤하고 아름답고 믿었는데

그렇게나 미친듯이 열렬했었던 지난 날들이 있었는데

왜 우리는 각자의 행복과 아쉬움 속에서 늙어야 하는 걸까

74. 泡沫 pào mò

阳光下的泡沫是彩色的	yáng guāng xià de pào mò shì cǎi sè de
就像被骗的我是幸福的	jiù xiàng bèi piàn de wǒ shì xìng fú de
追究什么对错	zhuī jiū shén me duì cuò
你的谎言基于你还爱我	nǐ de huǎng yán jī yú nǐ hái ài wǒ
美丽的泡沫 虽然一刹花火	měi lì de pào mò suī rán yí shà huā huǒ
你所有承诺 虽然都太脆弱	nǐ suǒ yǒu chéng nuò suī rán dōu tài cuì ruò
但爱像泡沫	dàn ài xiàng pào mò
如果能够看破 有什么难过	rú guǒ néng gòu kàn pò yǒu shén me nán guò
早该知道泡沫 一触就破	zǎo gāi zhī dào pào mò yí chù jiù pò
就像已伤的心不胜折磨	jiù xiàng yǐ shāng de xīn bù shèng shé mó
也不是谁的错	yě bú shì shuí de cuò
谎言再多基于你还爱我	huǎng yán zài duō jī yú nǐ hái ài wǒ
美丽的泡沫 虽然一刹花火	měi lì de pào mò suī rán yí shà huā huǒ
你所有承诺 虽然都太脆弱	nǐ suǒ yǒu chéng nuò suī rán dōu tài cuì ruò
爱本是泡沫 如果能够看破	ài běn shì pào mò rú guǒ néng gòu kàn pò
有什么难过	yǒu shén me nán guò
再美的花朵盛开过就凋落	zài měi de huā duǒ shèng kāi guò jiù diāo luò

再亮眼的星一闪过就坠落　　　　zài liàng yǎn de xīng yì shǎn guò jiù zhuì luò
爱本是泡沫　如果能够看破　　　ài běn shì pào mò rú guǒ néng gòu kàn pò
　有什么难过　为什么难过　　　yǒu shén me nán guò wèi shén me nán guò
　有什么难过　为什么难过　　　yǒu shén me nán guò wèi shén me nán guò
全都是泡沫　只一刹的花火　　　quán dōu shì pào mò zhǐ yí shà de huā huǒ
你所有承诺　全部都太脆弱　　　nǐ suǒ yǒu chéng nuò quán bù dōu tài cuì ruò
而你的轮廓　怪我没有看破　　　ér nǐ de lún kuò guài wǒ méi yǒu kàn pò
　　　才如此难过　　　　　　　　　　cái rú cǐ nán guò
相爱的把握　要如何再搜索　　　xiāng ài de bǎ wò yào rú hé zài sōu suǒ
相拥着寂寞　难道就不寂寞　　　xiāng yōng zhe jì mò nán dào jiù bù jì mò
爱本是泡沫　怪我没有看破　　　ài běn shì pào mò guài wǒ méi yǒu kàn pò
　　　才如此难过　　　　　　　　　　cái rú cǐ nán guò
在雨下的泡沫　一触就破　　　　zài yǔ xià de pào mò yí chù jiù pò
当初炽热的心　早已沉没　　　　dāng chū chì rè de xīn zǎo yǐ chén mò
说什么你爱我　如果骗我　　　　shuō shén me nǐ ài wǒ rú guǒ piàn wǒ
　　我宁愿你沉默　　　　　　　　　wǒ níng yuàn nǐ chén mò

거품

햇빛 아래의 거품은 다채로운 거야. 마치 속고 있는 내가 행복한 것과 같아

옳고 그름을 왜 따져. 니 거짓말은 나를 사랑하기 때문인데.

아름다운 거품. 비록 한 순간의 불꽃이지만

너의 모든 약속 비록 연약하지만 사랑은 마치 거품과 같아.

꿰뚫어볼 수 있었다면 괴로운 것 없었을 텐데.

일찍 알았어야 했어. 거품은 건드리면 터져 버린다는 걸.

이미 상처 받은 마음처럼 고통을 견디지 못해. 누구의 잘못도 아냐

거짓말은 아무리 많아도 날 사랑하기 때문이니까

아름다운 거품은 비록 한 순간의 불꽃이지만

너의 모든 약속 비록 깨지기 쉽지만 사랑은 원래 거품과 같아

꿰뚫어볼 수 있었다면 괴로운 것 없었을 텐데.

아무리 예쁜 꽃도 한번 피면 시들어지는 법이야

아무리 반짝이는 별도 빛난 후 떨어지는 법이야

사랑은 원래 거품이야. 꿰뚫어볼 수 있었다면 뭔가 괴로워, 왜 괴로워

다 거품이야, 한 순간의 불꽃일 뿐이야. 너의 모든 약속은 다 너무 약했어

또한 너의 윤곽을 꿰뚫어 보지 못한 나의 탓이지, 그래서 괴로워

사랑하는 자신 더 어떻게 찾아. 외로움을 안고 있으면 안 외롭겠어

사랑은 원래 거품인데 꿰뚫어 보지 못한 내가 잘못했지.그래서 힘들어

내리는 비의 물거품 손 닿으면 터져 버려

애초에 뜨거웠던 가슴 이미 식어 버렸어

날 사랑한다는 말도 날 속일 거면 차라리 침묵해 줘

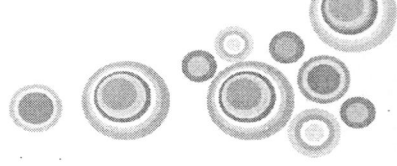

75. 李白 lǐ bái

大部分人要我学习去看	dà bù fēn rén yào wǒ xué xí qù kàn
世俗的眼光	shì sú de yǎn guāng
我认真学习了世俗眼光	wǒ rèn zhēn xué xí le shì sú yǎn guāng
世俗到天亮	shì sú dào tiān liàng
一部外国电影没听懂一句话	yí bù wài guó diàn yǐng méi tīng dǒng yí jù huà
看完结局才是笑话	kàn wán jié jú cái shì xiào huà
你看我多乖多聪明	nǐ kàn wǒ duō guāi duō cōng míng
多么听话 多奸诈	duō me tīng huà duō jiān zhà
喝了几大碗米酒再离开	hē le jǐ dà wǎn mǐ jiǔ zài lí kāi
是为了模仿	shì wèi le mó fǎng
一出门不小心吐的那幅	yī chū mén bù xiǎo xīn tǔ de nà fú
是谁的书画	shì shuí de shū huà
你一天一口一个亲爱的对方	nǐ yì tiān yī kǒu yí gè qīn ài de duì fāng

多么不流行的模样	duō me bù liú xíng de mó yàng
都应该练练书法	dōu yīng gāi liàn liàn shū fǎ
再出门闯荡	zài chū mén chuǎng dàng
才会有人热情买账	cái huì yǒu rén rè qíng mǎi zhàng
要是能重来 我要选李白	yào shì néng zhòng lái wǒ yào xuǎn lǐ bái
几百年前做的好坏	jǐ bǎi nián qián zuò de hǎo huài
没那么多人猜	méi nà me duō rén cāi
要是能重来 我要选李白	yào shì néng zhòng lái wǒ yào xuǎn lǐ bái
至少我还能写写诗来澎湃	zhì shǎo wǒ hái néng xiě xiě shī lái péng pài
逗逗女孩	dòu dòu nǚ hái
要是能重来 我要选李白	yào shì néng zhòng lái wǒ yào xuǎn lǐ bái
创作也能到那么高端	chuàng zuò yě néng dào nà me gāo duān
被那么多人崇拜	bèi nà me duō rén chóng bài

이태백

대부분 사람들이 내가 세속을 눈치를 보는 걸 배우길 바랬어.

난 새벽까지 진지하게 세속의 눈치를 열심히 배웠지.

외국 영화 한 편을 봤는데 한 마디도 알아 듣지 못 했어.

결말까지 다 보는 것이 야말로 웃겨.

내가 얼마나 얌전하고 똑똑하며, 말을 잘 듣고, 간사한 지를 봐.

막거리를 몇 그릇을 마시고 떠난 건 모방하기 위해서야

문을 나가고 실수로 토해 놓은 건 대체 누구의 작품일 까.

넌 하루에 한 번씩 사랑하는 이를 말해

정말 유행과 맞지 않는 모양새야.

다들 서예를 연습하고 나서 밖에 나가야 돼

그래야 사람들이 니 작품을 사는 거지

다시 태어날 수 있다면, 난 이태백을 택할 래.

적어도 열심히 시를 쓰며 여자들을 웃게 할 수 있겠지

다시 태어날 수 있다면, 난 이태백을 택할 래.

창작도 저렇게 고급스러워. 많은 사람들의 숭배를 받게 돼

76. 橄榄树 gǎn lǎn shù

不要问我从哪里来	bú yào wèn wǒ cóng nǎ lǐ lái
我的故乡在远方	wǒ de gù xiāng zài yuǎn fāng
为什么流浪 流浪远方 流浪	wèi shén me liú làng liú làng yuǎn fāng liú làng
为了天空飞翔的小鸟	wèi le tiān kōng fēi xiáng de xiǎo niǎo
为了山间轻流的小溪	wèi le shān jiān qīng liú de xiǎo xī
为了宽阔的草原	wèi le kuān kuò de cǎo yuán
流浪远方 流浪	liú làng yuǎn fāng liú làng
还有还有	hái yǒu hái yǒu
为了梦中的橄榄树 橄榄树	wèi le mèng zhōng de gǎn lǎn shù gǎn lǎn shù
不要问我从哪里来	bú yào wèn wǒ cóng nǎ lǐ lái
我的故乡在远方	wǒ de gù xiāng zài yuǎn fāng
为什么流浪	wèi shén me liú làng
为什么流浪远方	wèi shén me liú làng yuǎn fāng
为了我梦中的橄榄树	wèi le wǒ mèng zhōng de gǎn lǎn shù

 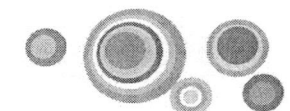

올리브 나무

묻지 마세요, 내가 어디서 왔는지

내 고향은 멀리 있지요

왜 떠돌고 있냐고요

이렇게 멀리 떠돌고 있냐고요

하늘을 나는 작은 새를 위해서

산 속을 흐르는 작은 시냇물을 위해서

넓은 초원을 위해서

이렇게 멀리 떠돌고 있지요

그리고 또 있지요

꿈속에 보았던 올리브 나무 그 올리브 나무도 있지요.

묻지 마세요, 내가 어디서 왔는지

내 고향은 멀리 있지요

왜 떠돌고 있냐고요

왜 떠돌고 있냐고요 먼 곳이다

꿈 속에 보았던 올리브 나무

그 올리브나무도 있지요.

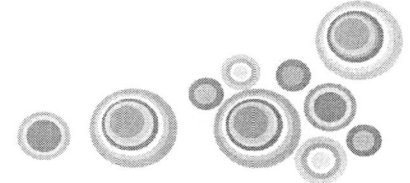

77. 他不懂 tā bù dǒng

他留给你是背影	tā liú gěi nǐ shì bèi yǐng
关于爱情只字不提	guān yú ài qíng zhī zì bù tí
害你哭红了眼睛	hài nǐ kū hóng le yǎn jīng
他把谎言说的竟然那么动听	tā bǎ huǎng yán shuō de jìng rán nà me dòng tīng
他不止一次骗了你	tā bù zhǐ yí cì piàn le nǐ
不值得你 再为他伤心	bù zhí dé nǐ zài wéi tā shāng xīn
他不懂你的心 假装冷静	tā bù dǒng nǐ de xīn jiǎ zhuāng lěng jìng
他不懂爱情 把它当游戏	tā bù dǒng ài qíng bǎ tā dāng yóu xì
他不懂表明相爱这件事	tā bù dǒng biǎo míng xiāng ài zhè jiàn shì
除了对不起 就只剩叹息	chú le duì bù qǐ jiù zhī shèng tàn xī
他不懂你的心 为何哭泣	tā bù dǒng nǐ de xīn wèi hé kū qì
窒息到快要不能呼吸	zhì xī dào kuài yào bù néng hū xī
他不懂你的心 他把回忆留给你	tā bù dǒng nǐ de xīn tā bǎ huí yì liú gěi nǐ
连同忧伤强加给你	lián tóng yōu shāng qiáng jiā gěi nǐ
对你说来不公平	duì nǐ shuō lái bù gōng píng
他的谎言句句说的那么动听	tā de huǎng yán jù jù shuō de nà me dòng tīng
他不止一次骗了你	tā bù zhǐ yí cì piàn le nǐ
不值得你再为他伤心	bù zhí dé nǐ zài wéi tā shāng xīn

(반복)

그는 몰라

그는 너에게 남겨 주는 게 뒤모습 밖에 없어

사랑에 관한 말을 꺼내지도 않아

니 눈을 빨갛게 울게 만들었어

그의 거짓말은 달콤했지 그는 너를 계속 속여 왔어

그래서 걔때문에 슬프지 마, 그럴 필요가 없어.

그는 니 마음을 몰라. 냉정한 척하는 거야.

그는 사랑을 몰라, 게임으로 여기고 있는 거야.

그는 서로 사랑함을 밝히는 걸 몰라

미안하단 말, 그리고 탄식 밖에 몰라.

그는 니 마음을 몰라, 왜 울어. 곧 숨이 멈출 것 같은데

그는 니 마음을 몰라. 추억만 너한테 남겨 주고 슬픔도 너에게 떠맡겼지.

너에게 공평하지 않아. 그의 거짓말은 전부 달콤했지

근데 너를 속인게 한두번이 아니야.

그러니까 걔때문에 더 이상 슬퍼하지 마.

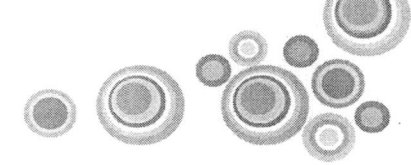

78. 沧海一声笑 cāng hǎi yì shēng xiào

沧海一声笑 滔滔两岸潮　　cāng hǎi yì shēng xiào tāo tāo liǎng àn cháo

浮沉随浪 只记今朝　　fú chén suí làng zhǐ jì jīn zháo

苍天笑 纷纷世上潮　　cāng tiān xiào fēn fēn shì shàng cháo

谁负谁胜出 天知晓　　shuí fù shuí shèng chū tiān zhī xiǎo

江山笑 烟雨遥　　jiāng shān xiào yān yǔ yáo

淘浪淘尽红尘 俗世知多少　　táo làng táo jìn hóng chén sú shì zhī duō shao

清风笑 竟惹寂寥　　qīng fēng xiào jìng rě jì liáo

豪情还剩了一襟晚照　　háo qíng hái shèng liǎo yī jīn wǎn zhào

啊啊啊……苍生笑　　ā ā ā……cāng shēng xiào

不再寂寥　　bú zài jì liáo

豪情仍在痴痴笑笑　　háo qíng réng zài chī chī xiào xiào

啦啦啦……　　lā lā lā……

바다가 웃으니

바다가 한번 웃으니, 양 쪽의 물결이 일어났어

흥망성쇠가 물결을 따라갈 테니, 오늘만 집중하자.

하늘이 웃으니 세상사 어지러워지네.

누가 이기고 질지는 하늘만이 알리라

강산이 웃으니 요원한 안개비 속에

거센 파도가 휘몰아치면 세상사 누가 알리오

청풍이 웃으니, 적막은 깨어지고

호탕함은 아직 한 줄기 석양에 남아 있구나

만물이 웃으니 더 이상의 고요는 사라지고

호방한 감정만 미친 웃음을 짓고 있네

라라라~

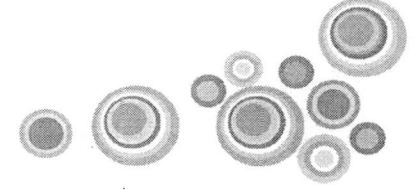

79. 悟空 wù kōng

月溅星河 长路漫漫　　yuè jiàn xīng hé cháng lù màn màn

风烟残尽 独影阑珊　　fēng yān cán jìn dú yǐng lán shān

谁叫我身手不凡　　shuí jiào wǒ shēn shǒu bù fán

谁让我爱恨两难　　shuí ràng wǒ ài hèn liǎng nán

到后来肝肠寸断　　dào hòu lái gān cháng cùn duàn

幻世当空 恩怨休怀　　huàn shì dāng kōng ēn yuàn xiū huái

舍悟离迷 六尘不改　　shě wù lí mí liù chén bù gǎi

且怒且悲且狂哉　　qiě nù qiě bēi qiě kuáng zāi

是人是鬼是妖怪　　shì rén shì guǐ shì yāo guài

不过是心有魔债　　bú guò shì xīn yǒu mó zhài

叫一声佛祖 回头无岸　　jiào yī shēng fó zǔ huí tóu wú àn

跪一人为师 生死无关　　guì yī rén wéi shī shēng sǐ wú guān

善恶浮世真假界　　shàn è fú shì zhēn jiǎ jiè

尘缘散聚不分明 难断　　chén yuán sàn jù bù fēn míng nán duàn

我要这铁棒有何用　　wǒ yào zhè tiě bàng yǒu hé yòng

我有这变化又如何　　wǒ yǒu zhè biàn huà yòu rú hé

还是不安 还是氐惆　　hái shì bù ān hái shì dī chóu

金箍当头 欲说还休	jīn gū dāng tóu yù shuō huán xiū
(반복)	
我要这铁棒醉舞魔	wǒ yào zhè tiě bàng zuì wǔ mó
我有这变化乱迷浊	wǒ yǒu zhè biàn huà luàn mí zhuó
踏碎灵霄 放肆桀骜	tà suì líng xiāo fàng sì jié ào
世恶道险 终究难逃	shì è dào xiǎn zhōng jiū nán táo
世恶道险 终究难逃	shì è dào xiǎn zhōng jiū nán táo
这一棒 叫你灰飞烟灭	zhè yí bàng jiào nǐ huī fēi yān miè

손오공

달은 별들 중에서 빛나고 있다. 갈 길은 멀구나.

바람과 연기가 사라지니 외로운 내 그림자만 남네

누가 날 능력 있게 만들었나? 누가 날 애증하기 어렵게 만들었나?

뒤돌아보니 가슴만 찢어질 뿐이네

환상은 공허가 되고 은원은 분노로 끝이 나니

차라리 깨달음을 버리고 혼돈속으로 빠진다

육진은 변함없이 그대로이니 나는 화나고 슬프고 미쳐만 간다

나는 사람 아니면 귀신 아니면 요괴 일까?

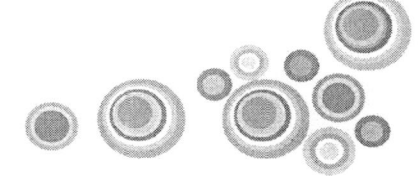

그저 마음에 빚이 있을 뿐.

부처님을 한 번 부르고 잘못을 뉘우치려

스승 앞에 무릎을 꿇으니 생사 따위는 내 결정할 바가 아니야

선과 악, 참과 거짓의 세상을 휘감고

속세의 인연은 그 이어짐과 맺어짐이 불분명하니 이를 끊기가 어렵구나

내가 이 은봉을 가지고 무슨 소용인가

내게 있는 이 변신술로 뭘 어찌할 수 있나

나는 여전히 불안하고 여전히 비참해

내 머리의 금강고때문에 하고픈 말도 못해

내 이 은봉을 들고 술에 취해 춤을 추며 악마를 쫓을 거야

내 이 변신술로 세상을 어지럽히고 더럽힐 거야

저 천상의 세계도 내가 다 짓밟아 부숴 버릴거야 미친 말이 되어 날뛰리라

세상은 악하고 도는 험준하니, 결국은 벗어날 수가 없지를 않겠나

그래, 내 이 여의봉 한 방으로 그대를 연기처럼 없애 버리라

 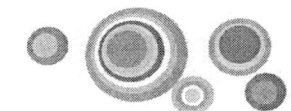

80. 老神仙 lǎo shén xiān

长长长地 远远远地	cháng cháng cháng de yuǎn yuǎn yuǎn de
深深地流浪在心间	shēn shēn dì liú làng zài xīn jiān
叮叮叮的 咚咚咚的	dīng dīng dīng de dōng dōng dōng de
悠悠的铃声在耳边	yōu yōu de líng shēng zài ěr biān
风儿带我来到一个地方	fēng ér dài wǒ lái dào yí gè dì fāng
那里有一棵大树	nà lǐ yǒu yì kē dà shù
树上有个老神仙	shù shàng yǒu gè lǎo shén xiān
轻轻叫我的名字	qīng qīng jiào wǒ de míng zì
她对我说 放松 呼吸	tā duì wǒ shuō fàng sōng hū xī
放松 呼吸 放松 呼吸 放松 呼吸	fàng sōng hū xī fàng sōng hū xī fàng sōng hū xī
滴滴答的 停停走的	dī dī dá de tíng tíng zǒu de
匆匆的人仿佛一瞬间	cōng cōng de rén fǎng fó yí shùn jiān
叽叽喳的 忙忙乱的	jī jī zhā de máng máng luàn de

一转眼来不及想念	yì zhuǎn yǎn lái bù jí xiǎng niàn
当我正想亲吻你的时候	dāng wǒ zhèng xiǎng qīn wěn nǐ de shí hòu
你说你要变神仙	nǐ shuō nǐ yào biàn shén xiān
我说别走的太远 你说还会再见	wǒ shuō bié zǒu de tài yuǎn nǐ shuō hái huì zài jiàn
我对我说 放松 呼吸	wǒ duì wǒ shuō fàng sōng hū xī
闭上眼就能看得见 放松 呼吸	bì shàng yǎn jiù néng kàn de jiàn fàng sōng hū xī
即使遥远我也能看得见	jí shǐ yáo yuǎn wǒ yě néng kàn de jiàn
想念 看见 想念 看见	xiǎng niàn kàn jiàn xiǎng niàn kàn jiàn
我的奔跑你能看得见	wǒ de bēn pǎo nǐ néng kàn de jiàn
我的歌声你会听得见	wǒ de gē shēng nǐ huì tīng de jiàn
我的奔跑你能看得见	wǒ de bēn pǎo nǐ néng kàn de jiàn
我的歌声你会听得见	wǒ de gē shēng nǐ huì tīng de jiàn
想你就能看得见	xiǎng nǐ jiù néng kàn de jiàn
静静地藏到心里面	jìng jìng de cáng dào xīn lǐ miàn

노신선

오래오래 멀리서 깊게 내 마음 속에서 떠돌다

땡땡땡땡 둥둥 희미한 종소리가 귓전을 울린다

바람이 나를 데리고 한 곳에 왔다

거기에 큰 나무가 한 그루 있는데

나무 위에 노신선이 하나 있었어.

내 이름을 가볍게 부르면서 내게 말했어.

힘을 빼고 숨 쉬어. 힘을 빼고 숨 쉬어. 힘을 빼고 숨 쉬어

뚝뚝 멈추지 않는 바쁜 사람이 한 순간과 같아

재잘재잘 바쁘게 보내면서 눈 깜짝할 사이에 미처 그리워하지 못했다

내가 뽀뽀하려고 했을 때 당신은 신선이 되어야 한다고 말했어

내가 너무 멀리 가지 말라고 했어. 당신이 다시 볼 수 있다고 내게 말했지.

나는 자신에게 얘기했지. 힘을 빼고 숨 쉬어. 눈을 감으면 보여.

힘을 빼고 숨 쉬어.멀리서도 볼 수 있어.

그리우면 보여, 그리우면 보여.

나의 달리기를 당신은 볼 수 있지. 나의 노랫소리를 당신은 들을 수 있지.

나의 달리기를 당신은 볼 수 있지. 나의 노랫소리를 당신은 들을 수 있지.

당신이 그리우면 보여. 조용히 마음속에 숨어 놓을게

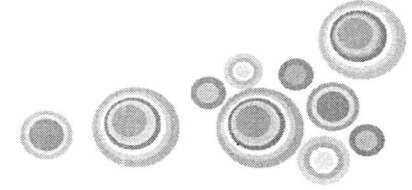

81. 学猫叫 xué māo jiào

我们一起学猫叫	Wǒmen yìqǐ xué māo jiào
一起喵喵喵喵喵	yìqǐ miāo miāo miāo miāo miāo
在你面前撒个娇	zài nǐ miànqián sā gè jiāo
哎呦喵喵喵喵喵	āi yōu miāo miāo miāo miāo miāo
我的心脏砰砰跳	wǒ de xīnzàng pēng pēng tiào
迷恋上你的坏笑	míliàn shàng nǐ de huài xiào
你不说爱我我就喵喵喵	nǐ bù shuō ài wǒ wǒ jiù miāo miāo miāo
每天都需要你的拥抱	měitiān dū xūyào nǐ de yǒngbào
珍惜在一起的每分每秒	zhēnxī zài yìqǐ de měi fēn měi miǎo
你对我多重要	nǐ duì wǒ duō zhóng yào
我想你比我更知道	wǒ xiǎng nǐ bǐ wǒ gèng zhīdào
你就是我的女主角	nǐ jiùshì wǒ de nǚ zhǔjiǎo
有时候我懒的像只猫	yǒu shíhòu wǒ lǎn de xiàng zhǐ māo
脾气不好时又张牙舞爪	píqì bù hǎo shí yòu zhāngyáwǔzhǎo
你总是温柔的	nǐ zǒng shì wēnróu de
能把我的心融化掉	néng bǎ wǒ de xīn rónghuà diào
我想要当你的小猫猫	wǒ xiǎng yào dāng nǐ de xiǎo māo māo

고양이 소리를 따라해 보자

우리 함께 고양이 소리를 따라해 보자 같이 먀오,먀오,먀오,먀오~

니 앞에서 애교를 부리면서 먀오,먀오,먀오,먀오,먀오~

내 심장은 쿵쾅쿵쾅 뛰어

너의 사악한 미소에 푹 빠져 버리고 말았어

사랑한다고 말해 주지 않으면 난 먀오, 먀오, 먀오~할 거야

매일 네 포옹이 필요해 같이 있는 일분 일초가 다 소중해

나한테 니가 얼마나 중요한지 니가 나보다 더 잘 알겠지

넌 내 이야기의 여주인공이야

고양이처럼 난 어떨 땐 나른하고 조용히

기분이 안 좋을 땐 또 마구 성질을 부리지

넌 늘 너무 다정하게 내 마음을 사르르 녹여

난 너의 조그마한 고양이가 되고 싶어

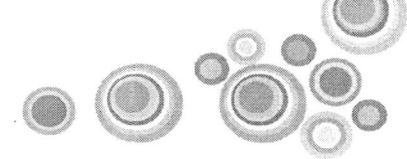

82. 红豆 hóngdòu

还没好好地感受	Hái méi hǎohǎo de gǎnshòu
雪花绽放的气候	xuěhuā zhànfàng de qìhòu
我们一起颤抖	wǒmen yìqǐ chàndǒu
会更明白 什么是温柔	huì gèng míngbái shénme shì wēnróu
还没跟你牵着手	hái méi gēn nǐ qiān zhuóshǒu
走过荒芜的沙丘	zǒuguò huāngwú de shāqiū
可能从此以后 学会珍惜	kěnéng cóngcǐ yǐhòu xuéhuì zhēnxī
天长和地久	tiāncháng hé dì jiǔ
有时候 有时候	yǒu shíhòu yǒu shíhòu
我会相信一切有尽头	wǒ huì xiāngxìn yíqiè yǒu jìntóu
相聚离开 都有时候	xiāngjù líkāi dōu yǒu shíhòu
没有什么会永垂不朽	méiyǒu shén me huì yǒngchuíbùxiǔ
可是我 有时候	kěshì wǒ yǒu shíhòu
宁愿选择留恋不放手	nìngyuàn xuǎnzé liúliàn bú fàngshǒu
等到风景都看透	děngdào fēngjǐng dōu kàntòu
也许你会陪我 看细水长流	yěxǔ nǐ huì péi wǒ kàn xìshuǐchángliú
还没为你把红豆	hái méi wèi nǐ bǎ hóngdòu
熬成缠绵的伤口	áo chéng chánmián de shāngkǒu
然后一起分享	ránhòu yìqǐ fēnxiǎng

会更明白 相思的哀愁	huì gèng míngbái xiāng sī de āichóu
还没好好地感受	hái méi hǎohǎo de gǎnshòu
醒着亲吻的温柔	xǐngzhe qīnwěn de wēnróu
可能在我左右	kěnéng zài wǒ zuǒyòu
你才追求 孤独的自由	nǐ cái zhuīqiú gūdú de zìyóu

팥

아직 실감이 안나요 눈꽃이 내린 날에 우리는 같이 떨면서

따뜻함이 무엇인지 훨씬 더 이해할 수 있었죠

아직 황야의 사막을 당신과 손을 잡고 걸어보지 못했어요

아마 걸어본 후에는 영원함에 대해 더 간절해질 것 같아요

어쩔 때 가끔씩은 나는 모든 것이 끝이 있다고 믿어요

만나고 헤어지는 것은 다 그 시기가 있다고 믿어요

어떤 것도 영원하지 않아요

하지만 나는 가끔씩 손을 놓지 않고

차라리 미련을 남기는 것을 선택할 거에요

세상의 아름다운 것들이 모두 무의미해질 때까지

아마도 당신은 나와 영원히 함께 해 줄거에요

아직 당신을 그리워하고 있어요

이후에 누군가를 그리워한다는 감정에 대해 더 이해할 수 있어

아직 잘 모르겠어요 입맞춤의 따뜻함을

아마도 내가 옆에 있어서 당신은 고독의 자유를 쫓았어요.

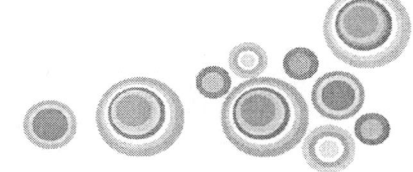

83.魔鬼中的天使

móguǐ zhōng de tiānshǐ

把太细的神经割掉	Bǎ tài xì de shénjīng gē diào
会不会比较睡得着	huì bù huì bǐjiào shuì dézháo
我的心有座灰色的监牢	wǒ de xīn yǒu zuò huīsè de jiānláo
关着一票黑色念头在吼叫	guānzhe yí piào hēisè niàntou zài hǒujiào
把太硬的脾气抽掉	bǎ tài yìng de píqì chōu diào
会不会比较被明了	huì bú huì bǐjiào bèi míngliǎo
你可以重重把我给打倒	nǐ kěyǐ chóngchóng bǎ wǒ gěi dǎdǎo
但是想都别想我求饶	dànshì xiǎng dōu bié xiǎng wǒ qiúráo
你是魔鬼中的天使	nǐ shì móguǐ zhōng de tiānshǐ
所以送我心碎的方式	suǒyǐ sòng wǒ xīn suì de fāngshì
是让我笑到最后一秒为止	shì ràng wǒ xiào dào zuìhòu yì miǎo wéizhǐ
才发现自己胸口插了一把刀子	cái fāxiàn zìjǐ xiōngkǒu chāle yì bǎ dāozi

你是魔鬼中的天使	nǐ shì móguǐ zhōng de tiānshǐ
让恨变成太俗气的事	ràng hèn biàn chéng tài súqì de shì
从眼里流下谢谢两个字	cóng yǎn lǐ liúxià xièxiè liǎng gè zì
尽管叫我疯子	jǐnguǎn jiào wǒ fēngzi
不准叫我傻子	bù zhǔn jiào wǒ shǎzi
随人去拼凑我们的故事	suí rén qù pīncòu wǒmen de gùshì
我懒得解释	wǒ lǎndé jiěshì
爱怎么解释	ài zěnme jiěshì
当谁想看我碎裂的样子	dāng shéi xiǎng kàn wǒ suì liè de yàngzi
我已经又顽强 重生一次	wǒ yǐjīng yòu wánqiáng chóngshēng yícì

 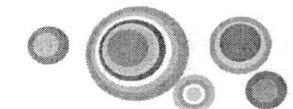

악마 중의 천사

너무 얇은 신경은 잘라 버리면 단잠을 잘 수 있을 까?

내 마음 속에 회색 감옥 하나 있어

안에 어두운 생각이 소리를 질러

기센 성격을 없애면 좀 쉽게 알려줄 수 있니?

넌 나를 세게 넘어뜨릴 수 있지만

내가 용소를 빌길 꿈꾸지도 마

넌 악마 중의 천사야

그래서 내 마음을 찢어지게 하는 방법은

날 계속 웃게 하고 마지막 한 순간까지서야

내 가슴에 칼 하나가 꽂쳐 있다는 것을 발견하게 해

넌 악마 중 천사야 미움을 너무나 저열한일로 만들고

눈에서 고맙다는 글자가 흘러 나와

나보고 미친놈으로 불러줘 바보라고 불르지 마!

남이 우리의 이야기를 꾸미도록 해

난 설명할 생각 조차 없어

사랑은 어떻게 설명할 수 있을 까?

누가 내 산산조각으로 변한 모양을 보고 싶을 땐

난 이미 다시 꿋꿋해지고 환생 했어

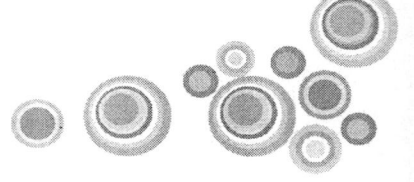

84. 时光谣 Shíguāng yáo

时间你慢点 世界又大一岁	Shíjiān nǐ màn diǎn shìjiè yòu dà yísuì
叫我怎么能不急	jiào wǒ zěnme néng bù jí
青春已逃离	qīngchūn yǐ táolí
这么多年你总说见面没变	zhème duōnián nǐ zǒng shuō jiànmiàn méi biàn
可照片却记下了少年容颜	kě zhàopiàn què jì xiàle shàonián róngyán
时间你慢点 我们又大一岁	shíjiān nǐ màn diǎn wǒmen yòu dà yí suì
没变的是 我的这片痴心	méi biàn de shì wǒ de zhè piàn chīxīn
十二年青春 一去不返	shí'èr nián qīngchūn yī qù bù fǎn
变了的是 这片光阴	biànle de shì zhè piàn guāngyīn
十二年青春 一去不返	shí'èr nián qīngchūn yí qù bú fǎn
也遇见过让我伤心的人	yě yùjiànguò ràng wǒ shāngxīn de rén
这世界还是这个世界	zhè shìjiè háishì zhège shìjiè
可原来你我早已不在	kě yuánlái nǐ wǒ zǎoyǐ búzài
这时光 摇啊摇啊……	zhè shíguāng yáo a yáo a……
这时间 转啊转啊……	Zhè shíjiān zhuǎn a zhuǎn a……

시간 노래

시간이야 너 좀 천천히 가, 세상은 1년 또 나이 먹었어.

나는 어떻게 서두르지 않은냐? 내 청춘이 도망쳤어.

수년이 지난 후에도 내 모습이 변하지 않았다고 해.

그러나 사진은 우리의 젊은 얼굴을 저장해 놨어

시간이야 당신 천천히 가, 우리는 1년 또 나이 먹었어.

바뀌지 않은 것은 나의 심취한 마음이야.

12년의 청춘이 결코 돌아올 수 없어. 변한 것은 이 세월이요.

12년의 청춘이 결코 돌아올 수 없어.

나를 슬프게 한 사람들도 만났지.

이 세상은 여전히 이 세상이야.

하지만 원래의 너와 나는 더 이상 존재하지 않아.

세월이 흔들 흔들, 시간 돌아 돌아.....

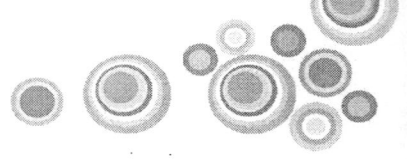

85. 五环之歌 wǔ huán zhī gē

我把车子开上五环	wǒ bǎ chē zǐ kāi shàng wǔ huán
我把车子开上五环	wǒ bǎ chē zǐ kāi shàng wǔ huán
快点把车子开上五环	kuài diǎn bǎ chē zǐ kāi shàng wǔ huán
什么都不管	shí me dōu bù guǎn
我就是要上五环	wǒ jiù shì yào shàng wǔ huán
啊 五环 你比四环多一环	ā wǔ huán nǐ bǐ sì huán duō yì huán
啊 五环 你比六环少一环	ā wǔ huán nǐ bǐ liù huán shǎo yì huán
（I'm driving on the fifth ring）	（I'm driving on the fifth ring）
终于有一天 你会修到七环	zhōng yú yǒu yì tiān nǐ huì xiū dào qī huán
修到七环怎么办	xiū dào qī huán zěn me bàn
你比五环多两环	nǐ bǐ wǔ huán duō liǎng huán
车一直塞 表情痴呆	chē yì zhí sāi biǎo qíng chī dāi
早就习惯漫无目的一直开	zǎo jiù xí guàn màn wú mù de yì zhí kāi
那五环依然那么自在	nà wǔ huán yī rán nà me zì zài
它一直在	tā yì zhí zài
腐烂的喇叭声	fǔ làn de lǎ bā shēng
苦难的师傅一直唉	kǔ nán de shī fù yì zhí āi
北京的 style	běi jīng de style
在上下班 车子一直排	zài shàng xià bān chē zǐ yì zhí pái

梦想中国语　歌曲100

为了生活　为了梦想	wéi le shēng huó　　wéi le mèng xiǎng
为了放假单	wéi le fàng jià dān
或许有天	huò xǔ yǒu tiān
我们必须要去　那八环	wǒ mén bì xū yào qù　　nà bā huán
Rest in peace	Rest in peace
北京的交通　我为你放花篮	běi jīng de jiāo tōng　　wǒ wéi nǐ fàng huā lán
啊　五环　你比四环多一环	ā　　wǔ huán　　nǐ bǐ sì huán duō yì huán
啊　五环　你比六环少一环	ā　　wǔ huán　　nǐ bǐ liù huán shǎo yì huán
终于有一天	zhōng yú yǒu yì tiān
你会修到七环	nǐ huì xiū dào qī huán
修到七环怎么办	xiū dào qī huán zěn me bàn
你比五环多两环	nǐ bǐ wǔ huán duō liǎng huán
多少人明知山有虎	duō shǎo rén míng zhī shān yǒu hǔ
却偏向虎山行	què piān xiàng hǔ shān xíng
我明明知道五环堵	wǒ míng míng zhī dào wǔ huán dǔ
这条回家路　祸不单行	zhè tiáo huí jiā lù　　huò bù dān xíng
要塞啊　就塞啊	yào sāi ā　　jiù sāi ā
哼　我不担心	hēng　　wǒ bù dān xīn
一辈子没有洗过车	yī bèi zǐ méi yǒu xǐ guò chē
我车子不干净	wǒ chē zǐ bù gàn jìng
这烟抽得看起来多淡定	zhè yān chōu de kàn qǐ lái duō dàn dìng

这边苦苦的笑容呢	zhè biān kǔ kǔ de xiào róng ne
吐出了叹气	tǔ chū le tàn qì
你还想看什么戏	nǐ hái xiǎng kàn shí me xì
在车上乖乖吃着你的煎饼	zài chē shàng guāi guāi chī zhe nǐ de jiān bǐng
快点上五环	kuài diǎn shàng wǔ huán
因为或许先上先赢	yīn wéi huò xǔ xiān shàng xiān yíng
我把车子开上五环	wǒ bǎ chē zǐ kāi shàng wǔ huán
我把车子开上五环	wǒ bǎ chē zǐ kāi shàng wǔ huán
快点把车子开上五环	kuài diǎn bǎ chē zǐ kāi shàng wǔ huán
什么都不管	shí me dōu bù guǎn
我就是要上五环	wǒ jiù shì yào shàng wǔ huán
五环五环	wǔ huán wǔ huán
五环五环	wǔ huán wǔ huán
这是五环五环	zhè shì wǔ huán wǔ huán
什么都不管	shí me dōu bù guǎn
我现在就上五环	wǒ xiàn zài jiù shàng wǔ huán

 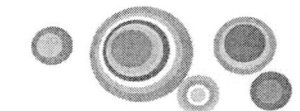

오환의 노래

나는 차를 오환으로 몰고 올라간다

나는 차를 오환으로 몰고 올라간다

빨리 차를 오환으로 몰고 가자

아무것도 신경 쓰지 마 나는 오환으로 가겠다

아 오환 당신은 사환보다 한 고리 더 많다

아 오환 당신은 육환보다 한 고리 더 모자란다

결국 어느 날 넌 칠환까지 짓겠지

칠환까지 지으면 어떻게 하지?

당신은 오환보다 두 고리 더 많다.

차가 막혔네. 머리가 멍해졌네.

목적 없이 계속 운전하는 걸 익숙해졌어.

그 오환은 여전히 편안하다. 오환은 계속 거기에 있었다.

귀찮은 울림 소리, 고생한 기사 아저씨의 탄식 소리,

베이징 스타일이야

출퇴근길에 차들 쭉 줄을 서

살기 위해 꿈을 위해 휴가를 위해

아마 어느날 우리는 팔환까지 갈지도 몰라.

Rest in peace 북경의 교통

내가 당신을 위해 꽃바구니를 놓는다

아 오환 당신은 사환보다 한 고리 더 많다

아 오환 넌 육환보다 한 고리 더 모자란다

마침내 어느 날 당신은 칠환까지 짓겠지

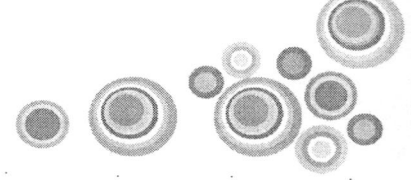

칠환까지 가면 어떻게 하지?

당신은 오환보다 두 고리 더 많다

얼마나 많은 사람이 산에 호랑이가 있는지 안다

근데 다들 산으로 간다.

나는 분명히 오환이 막힌다는 것을 안다

그래도 이 길로 가야 한다.

막히면 막히지 뭐 흥 걱정 안 해

평생동안 세차 안 했다.

나의 차는 깨끗하지 않다

이 담배를 침착하게 핀다.

이쪽은 애써 웃는데 한숨을 내쉬었다

당신은 또 무슨 연극을 보고 싶니?

차에서 당신의 부침개를 맛있게 먹어라

빨리 오환에 올라가. 먼저 올라가면 먼저 이길지도 몰라.

나는 차를 오환으로 몰고 올라간다

나는 차를 오환으로 몰고 올라간다

빨리 차를 오환으로 몰고 올라간다

아무것도 신경 쓰지 마.

나는 오환으로 가겠다 오환 오환 오환 오환

이것은 오환 오환이다 아무것도 신경 쓰지 마

나는 지금 오환으로 가고 있다

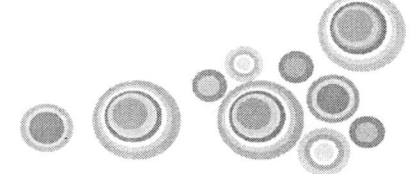

86. 情歌 qínggē

时光是琥珀	shí guāng shì hǔ pò
泪一滴滴被反锁	lèi yì dī dī bèi fǎn suǒ
情书再不朽 也磨成沙漏	qíng shū zài bú xiǔ yě mó chéng shā lòu
青春的上游	qīng chūn de shàng yóu
白云飞走苍狗与海鸥	bái yún fēi zǒu cāng gǒu yǔ hǎi ōu
闪过的念头 潺潺的溜走	shǎn guò de niàn tóu chán chán de liū zǒu
命运好幽默	mìng yùn hǎo yōu mò
让爱的人都沉默	ràng ài de rén dōu chén mò
一整个宇宙 换一颗红豆	yì zhěng gè yǔ zhòu huàn yì kē hóng dòu
回忆如困兽	huí yì rú kùn shòu
寂寞太久而渐渐温柔	jì mò tài jiǔ ér jiàn jiàn wēn róu
放开了拳头 反而更自由	fàng kāi le quán tóu fǎn ér gèng zì yóu
慢动作 缱绻胶卷	màn dòng zuò qiǎn quǎn jiāo juǎn
重播默片 定格一瞬间	zhòng bō mò piàn dìng gé yí shùn jiān
我们在告别的演唱会	wǒ men zài gào bié de yǎn chàng huì
说好不再见	shuō hǎo bú zài jiàn
你写给我 我的第一首歌	nǐ xiě gěi wǒ wǒ de dì yī shǒu gē
我和你 十指紧扣 默写前奏	wǒ hé nǐ shí zhǐ jǐn kòu mò xiě qián zòu

可是那然后呢 — kě shì nà rán hòu ne

还好我有 我这一首情歌 — hái hǎo wǒ yǒu wǒ zhè yì shǒu qíng gē

轻轻的 轻轻哼着 — qīng qīng de qīng qīng hēng zhe

哭着笑着 — kū zhe xiào zhe

我的天长地久 — wǒ de tiān zhǎng dì jiǔ

命运好幽默 — mìng yùn hǎo yōu mò

让爱的人都沉默 — ràng ài de rén dōu chén mò

一整个宇宙 换一颗红豆 — yì zhěng gè yǔ zhòu huàn yì kē hóng dòu

回忆如困兽 — huí yì rú kùn shòu

寂寞太久而渐渐温柔 — jì mò tài jiǔ ér jiàn jiàn wēn róu

放开了拳头 反而更自由 — fàng kāi le quán tóu fǎn ér gèng zì yóu

长镜头 越拉越远 — zhǎng jìng tóu yuè lā yuè yuǎn

越来越远 — yuè lái yuè yuǎn

事隔好几年 — shì gé hǎo jǐ nián

我们在怀念的演唱会 — wǒ men zài huái niàn de yǎn chàng huì

礼貌的吻别 — lǐ mào de wěn bié

你写给我 我的第一首歌 — nǐ xiě gěi wǒ wǒ de dì yī shǒu gē

我和你 十指紧扣 默写前奏 — wǒ hé nǐ shí zhǐ jǐn kòu mò xiě qián zòu

可是那然后呢 — kě shì nà rán hòu ne

还好我有 我这一首情歌	hái hǎo wǒ yǒu wǒ zhè yì shǒu qíng gē
轻轻的 轻轻哼着	qīng qīng de qīng qīng hēng zhe
哭着笑着	kū zhe xiào zhe
我的天长地久	wǒ de tiān zhǎng dì jiǔ
陪我唱歌 清唱你的情歌	péi wǒ chàng gē qīng chàng nǐ de qíng gē
舍不得 短短副歌 心还热着	shě bú dé duǎn duǎn fù gē xīn hái rè zhe
也该告一段落	yě yào gào yí duàn luò
还好我有 我下一首情歌	hái hǎo wǒ yǒu wǒ xià yì shǒu qíng gē
生命宛如	shēng mìng wǎn rú
静静的 相拥的河	jìng jìng de xiàng yōng de hé
永远天长地久	yǒng yuǎn tiān zhǎng dì jiǔ

사랑 노래

그 시절은 보석이야 눈물이 방울 방울 가두어져 있어

사랑의 편지는 아무리 영원히 닳지 않는다고 했지만,

닳아서 모래가 되어 새어 버려

가장 아름다운 시절의 구름은,

갈매기와 함께 날아가면서 변해 버리지

문득 떠올랐던 생각이 물이 흘러가듯 슬그머니 사라져

운명은 참 웃겨, 사랑하는 사람을 말 못하게 해

온 우주를 하나의 그리움으로 만들어버려.

추억들이 발악하는 듯 했는데,

외로움이 너무 오래 된 탓인지 점점 조용해져

놓아 버리면 오히려 더 자유로워지지

슬로 모션, 헤어지기 아쉬운 필름.

다시 시작하는 소리 없는 영화, 화면이 정지된 그 순간

우리는 이별의 콘서트에 있고 더이상 보지 말자고 말해

네가 나에게 써준, 내 첫번째 노래

나와 당신은 두 손을 꼭 잡고

그 노래의 시작을 마음속으로 그려보았지

그런데 그 다음은..

운 좋게도 나는 있어, 나의 지금 이 사랑 노래

조용히 조용히 부르고 있어, 울고 웃으면서.내 영원한 사랑

운명은 참 웃겨, 사랑하는 사람을 말 못하게 해

온 우주를 하나의 그리움으로 만들어버려.

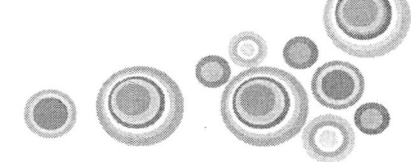

추억들이 발악하는 듯 했는데,
외로움이 너무 오래 된 탓인지 점점 조용해져
놓아버리면 오히려 더 자유로워지지
당길 수록 더 멀어지는 망원경처럼 점점 더 멀어져
그 때로부터 몇 년이 지났어
우리는 추억의 콘서트에 있고
서로를 생각하면서 작별 키스를 해
당신가 나에게 써준, 내 첫번째 노래
나와 당신은 두 손을 꼭 잡고
그 노래의 시작을 마음속으로 그려보았지
그런데 그 다음은 운좋게도 나는 있어,
나의 지금 이 사랑 노래
조용히 부르고 있어, 울고 웃으면서.
내 영원한 사랑.
나랑 함께 노래하자 당신의 사랑 노래를 불러줘
헤어지기 아쉬워 너무 짧은 후렴구. 마음은 여전히 따뜻한데
그래도 끝났다고 알려야 해
운좋게도 나는 있어, 내가 남기는 이 사랑 노래
삶이란건, 마치 조용하게 서로 끌어안는 강 같아
영원히, 하늘과 땅처럼 영원히

87. 情人的眼泪 qíng rén de yǎnlèi

为什么要对你掉眼泪	Wèishéme yào duì nǐ diào yǎnlèi
你难道不明白是 为了爱	nǐ nándào bù míngbái shì wèile ài
只有那有情人眼泪最珍贵	zhǐyǒu nà yǒuqíng rén yǎnlèi zuì zhēnguì
一颗颗眼泪都是爱都是爱	yì kē kē yǎnlèi dōu shì ài dū shì ài
为什么要对你掉眼泪	wèishéme yào duì nǐ diào yǎnlèi
你难道不明白是 为了爱	nǐ nándào bù míngbái shì wèile ài
要不是有情人跟我要分开	yào bú shì yǒuqíng rén gēn wǒ yào fēnkāi
我眼泪不会掉下来 掉下来	wǒ yǎnlèi bú huì diào xiàlái diào xiàlái
好春常在 春花正开	hǎo chūn cháng zài chūnhuā zhèng kāi
你怎么舍得说 再会	nǐ zěnme shědé shuō zàihuì
我在深闺望穿秋水	wǒ zài shēnguī wàngchuānqiūshuǐ
你不要忘了我情深深如海	Nǐ bú yào wàngle wǒ qíng shēn shēn rú hǎi
为什么要对你掉眼泪	wèi shén me yào duì nǐ diào yǎnlèi
你难道不明白 为了爱	nǐ nándào bù míngbái wèile ài
要不是有情人跟 我要分开	yào bú shì yǒuqíng rén gēn wǒ yào fēnkāi
我眼泪不会掉下来 掉下来	wǒ yǎnlèi bù huì diào xiàlái diào xiàlái

연인의 눈물

왜 당신 앞에서 눈물을 흘리나요

당신은 사랑때문인 걸 정말 모르나요

오직 사랑하는 이가 있어야만 흘리는 눈물도 귀하다는 걸

한 방울 한 방울의 눈물은 바로 사랑, 사랑이에요.

왜 당신 앞에서 눈물을 흘리나요

당신은 사랑 때문임을 정말 모르나요

사랑하는 이와 헤어질 거 아니었으면

난 눈물을 흘리지 않을 거에요, 흘리지 않을 거에요...

봄꽃이 피어나는 봄 날에

당신은 어째서 미련 없이 안녕을 말하나요

난 방 안에서 하염없이 기다리고 있는데

나의 바다 같이 깊은 정을 잊지 말아 주세요

어째서 당신 앞에서 눈물을 흘리나요

사랑때문이란 것을 진정 모르시나요

사랑하는 이와 헤어질 거 아니었으면

난 눈물을 흘리지 않을 거에요, 흘리지 않을 거에요...

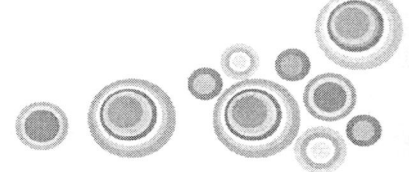

88. 千年等一回 Qiānnián děng yì huí

千年等一回 等一回啊	Qiānnián děng yì huí děng yì huí a
千年等一回 我无悔啊	qiānnián děng yì huí wǒ wú huǐ a
是谁在耳边说 爱我永不变	shì shéi zài ěr biān shuō ài wǒ yǒng bù biàn
只为这一句 啊 哈	zhǐ wèi zhè yì jù a hā
断肠也无怨	duàncháng yě wú yuàn
雨心碎 风流泪哎	yǔ xīn suì fēng liúlèi āi
梦缠绵 情悠远	mèng chánmián qíng yōuyuǎn
啦… 啦… 啦… 啦…	la… la… la… la…
西湖的水 我的泪	xīhú de shuǐ wǒ de lèi
我情愿和你化做一团火焰	wǒ qíngyuàn hé nǐ huà zuò yī tuán huǒyàn
啊… 啊… 啊…	a… a… a…
千年等一回 等一回啊	qiānnián děng yì huí děng yì huí a
千年等一回 我无悔啊	qiānnián děng yì huí wǒ wú huǐ a
雨心碎 风流泪哎	yǔ xīn suì fēng liúlèi āi
梦缠绵 情悠远哎	mèng chánmián qíng yōuyuǎn āi
啦… 啦… 啦… 啦…	la… la… la… la…
西湖的水 我的泪	xīhú de shuǐ wǒ de lèi
我情愿和你化做一团火焰	wǒ qíngyuàn hé nǐ huà zuò yī tuán huǒyàn

梦想中国语　歌曲100

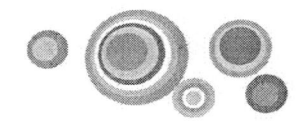

啊… 啊… 啊…	a… a… a…
千年等一回　等一回啊	qiānnián děng yì huí děng yì huí a
千年等一回　我无悔啊	qiānnián děng yì huí wǒ wú huǐ a
千年等一回　等一回啊	qiānnián děng yì huí děng yì huí a
千年等一回	qiānnián děng yì huí

천년의 기다림

천년에 한번만 기다린다.한번만.

천년의 기다림을 나는 후회하지 않아요.

누가 나의 귓가에서 사랑을 속삭이는가.나는 영원히 변치 않을 꺼에요

아하~가슴이 시려도 원망하지 않을께요.

비가 오면 마음이 찢어지듯 아프고 바람이 불면

슬픈 눈물이 흐르고 꿈속에서 그대의 사랑을 그리워하고

라…라…라…라…서호의 물은 나의 눈물이요

당신과 함께 불꽃이 되고 싶어요.아~~천년에 한번만 기다린다.한번만.

천년의 기다림을 나는 후회하지 않아요.

바람이 불면 슬픈 눈물이 흐르고 꿈속에서 그대의 사랑을 그리워하고

라…라…라…라…서호의 물은 나의 눈물이요

당신과 함께 불꽃이 되고 싶어요.아~~천년에 한번만 기다린다.한번만.

천년의 기다림을 나는 후회하지 않아요.

천년에 한번만 기다린다.한번만.

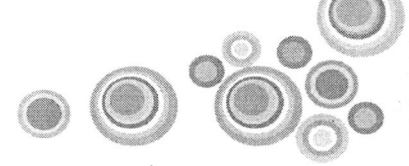

89. 夜上海 Yè shànghǎi

夜上海 夜上海 你是个不夜城	Yè shànghǎi yè shànghǎi nǐ shìgè búyèchéng
华灯起 车声响 歌舞升平	huádēng qǐ chē shēngxiǎng gēwǔ shēngpíng
只见她 笑脸迎	zhǐ jiàn tā xiàoliǎn yíng
谁知她内心苦闷	shéi zhī tā nèixīn kǔmèn
夜生活 都为了 衣食住行	yèshēnghuó dōu wèile yīshízhùxíng
酒不醉人 人自醉	jiǔ bù zuìrén rén zì zuì
胡天胡地 蹉跎了青春	hú tiān hú de cuōtuóle qīngchūn
晓色朦胧 转眼醒 大家归去	xiǎo sè ménglóng zhuǎnyǎn xǐng dàjiā guī qù
心灵儿随着转动的车轮	xīnlíng er suízhe zhuǎndòng de chē lún
换一换 新天地	huàn yí huàn xīntiāndì
别有一个新环境	bié yǒu yí gè xīn huánjìng
回味着 夜生活 如梦初醒	huíwèizhe yèshēnghuó rú mèng chū xǐng

 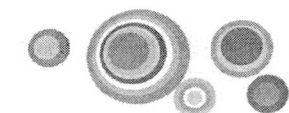

밤의 상하이

밤의 상하이 밤의 상하이 당신은 결코 잠들지 않는 도시이다

불이 켜고 차 소리를 내고 노래과 춤을 시작한다

나는 그녀의 미소를 보았다.

그녀의 마음은 우울한 것은 누가 알겠어?

야생활은 모두 의식주를 위한 거지

사람들은 술 때문에 취한 것이 아니고 스스로 취한 것이다

정신이 없이 살면서 청춘이 더 가벼렸어

날이 밝으려 하고 술이 깨서 사람들이 집에 간다.

마음이 돌아가는 구래 바퀴를 따라간다.

새 세상을 바꾸자 새 환경이 있네

밤의 유흥을 연상케 한다. 꿈에서 깼네.

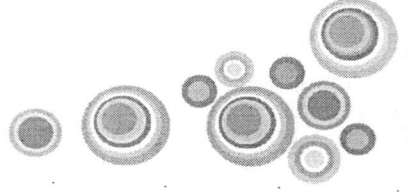

90.玫瑰玫瑰我爱你

méiguī méiguī wǒ ài nǐ

玫瑰玫瑰最娇美	Méiguī méiguī zuì jiāo měi
玫瑰玫瑰最艳丽	méiguī méiguī zuì yànlì
长夏开在枝头上	zhǎng xià kāi zài zhī tóu shàng
玫瑰玫瑰我爱你	méiguī méiguī wǒ ài nǐ
玫瑰玫瑰情意重	méiguī méiguī qíngyì zhòng
玫瑰玫瑰情意浓	méiguī méiguī qíngyì nóng
长夏开在荆棘里	zhǎng xià kāi zài jīngjí lǐ
玫瑰玫瑰我爱你	méiguī méiguī wǒ ài nǐ
心的誓约,新的情意	xīn de shìyuē, xīn de qíngyì
圣洁的光辉照大地	shèngjié de guānghuī zhào dàdì
心的誓约,新的情意	xīn de shìyuē, xīn de qíngyì
圣洁的光辉照大地	shèngjié de guānghuī zhào dàdì
玫瑰玫瑰枝儿细	méiguī méiguī zhī er xì
玫瑰玫瑰刺儿锐	méiguī méiguī cì er ruì
今朝风雨来摧毁	jīnzhāo fēngyǔ lái cuīhuǐ
伤了嫩枝和娇蕊	shāngle nèn zhī hé jiāo ruǐ
玫瑰玫瑰心儿坚	méiguī méiguī xin er jiān
玫瑰玫瑰刺儿尖	méiguī méiguī cì er jiān
来日风雨来摧毁	lái rì fēngyǔ lái cuīhuǐ
毁不了并蒂连理	huǐ bùliǎo bìng dì liánlǐ

장미, 장미, 너를 사랑해

장미, 장미, 가장 눈이 부시도록 아름다워

장미, 장미, 가장 곧고 아름답지

긴 여름 가지 끝에서 피어나.

장미, 장미, 너를 사랑해

장미, 장미, 사랑이 가득해

장미, 장미, 사랑이 진해

긴 여름 가시 나무에서 피어나.

장미, 장미, 나는 너를 사랑해

마음의 서약, 새로운 감정

성결한 찬란한 빛이 대지를 비추네

마음의 서약 새로운 감정

성결한 찬란한 빛이 대지를 비추네

장미, 장미, 가지가 가늘어

장미, 장미, 가시가 예리해

오늘 아침의 비바람에 맞아 부서져

여린 가지와 꽃술이 다쳤네

장미, 장미, 마음이 강하네

장미, 장미, 가시가 날카로워

미래의 비바람이 불어와 부수려해도

아름다운 한쌍은 갈라 놓을수 없네

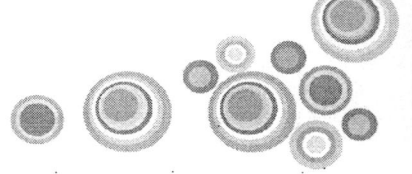

91. 好久不见 hǎojiǔ bújiàn

我来到 你的城市	Wǒ lái dào nǐ de chéngshì
走过你来时的路	zǒuguò nǐ lái shí de lù
想象着 没我的日子	xiǎngxiàngzhe méi wǒ de rìzi
你是怎样的孤独	nǐ shì zěnyàng de gūdú
拿着你 给的照片	názhe nǐ gěi de zhàopiàn
熟悉的那一条街	shúxī dì nà yìtiáo jiē
只是没了你的画面	zhǐshì méiliǎo nǐ de huàmiàn
我们回不到那天	wǒmen huí bú dào nèitiān
你会不会忽然的出现	nǐ huì bù huì hūrán de chūxiàn
在街角的咖啡店	zài jiējiǎo de kāfēi diàn
我会带着笑脸	wǒ huì dàizhe xiàoliǎn
挥手寒暄 和你 坐着聊聊天	huīshǒu hánxuān hé nǐ zuòzhe liáo liáotiān
我多么想和你见一面	wǒ duōme xiǎng hé nǐ jiàn yīmiàn
看看你最近改变	kàn kàn nǐ zuìjìn gǎibiàn
不再去说从前	bú zài qù shuō cóngqián
只是寒暄	zhǐshì hánxuān
对你说一句 只是说一句	duì nǐ shuō yí jù zhǐshì shuō yí jù
好久不见	hǎojiǔ bùjiàn

오랜만이에요

나 당신이 있는 도시에 왔어요

당신과 거닐었던 길에서 거닐고 있어요.

내가 없던 날를 당신이 얼마나 외로웠을 까 상상하고 있어요

당신이 준 사진을 들고

당신 없는 그 익속한 거리를 거닐 뿐이에요

우린 그때로 돌아갈 수 없겠지요

당신이 갑자기 나타날 수 있을 까요?

그러면 길모퉁이 커피숍에서 난 웃는 얼굴로

손 흔들며 인사하고

당신과 앉아서 이야기를 나눌 텐데

내가 얼마나 당신을 한번 보고 싶어하는지

최근 당신의 모습을 보고 싶어요

더 이상 과거의 아야기는 하지 않을게요

그저 인사 만이라도

당신에게 한마디만

그저 한마디만 말할께요

'오랜만이에요'

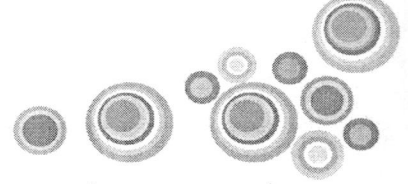

92. 因为爱情 yīnwèi àiqíng

给你一张过去的CD	Gěi nǐ yì zhāng guòqù de CD
听听那时我们的爱情	tīng tīng nà shí wǒmen de àiqíng
有时会突然忘了	yǒushí huì túrán wàngle
我还在爱着你	wǒ hái zài àizhe nǐ
再唱不出那样的歌曲	zài chàng bù chū nàyàng de gēqǔ
听到都会红着脸躲避	tīng dào dūhuì hóngzhe liǎn duǒbì
虽然会经常忘了	suīrán huì jīngcháng wàngle
我依然爱着你	wǒ yīrán àizhe nǐ
因为爱情 不会轻易悲伤	yīnwèi àiqíng bú huì qīngyì bēishāng
所以一切都是幸福的模样	suǒyǐ yí qiè dōu shì xìngfú de múyàng
因为爱情 简单的生长	yīnwèi àiqíng jiǎndān de shēng zhǎng
依然随时可以为你疯狂	yīrán suíshí kěyǐ wéi nǐ fēngkuáng
因为爱情 怎么会有沧桑	yīnwèi àiqíng zěnme huì yǒu cāngsāng
所以我们还是年轻的模样	suǒyǐ wǒmen háishì niánqīng de múyàng
因为爱情 在那个地方	yīnwèi àiqíng zài nàgè dìfāng
依然还有人在那里游荡	yīrán hái yǒurén zài nàlǐ yóudàng
人来人往	rén lái rén wǎng

사랑하기에

너에게 과거의 CD 한 장을 줄게

그 시절 우리의 사랑을 들어 봐

잊어 버릴 때도 있었지만

난 아직 널 사랑하고 있어

다시는 그런 노래는 부르지 못해

들어도 얼굴을 붉히며 피할 거야

자꾸 잊어 버린다 해도

난 여전히 널 사랑해

사랑하기에 쉽게 슬퍼할 수 없어

그래서 모든 게 행복해 보여

사랑하기에 거침없이 성장해

언제든 너한테 빠질 수 있어

사랑하기에 세상 풍파도 어쩌지 못 해

그래서 우린 아직 젊은 모습 그대로야

사랑하기에 거기에서

여전히 방황하는 사람들이 있어

그곳에서 오가는 사람들이 많아

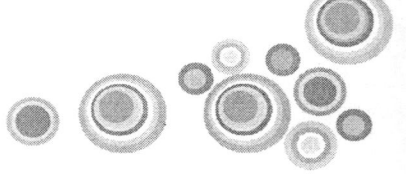

93. 传奇 chuánqí

只是因为在人群中	Zhǐshì yīnwèi zài rénqún zhōng
多看了你一眼	duō kànle nǐ yì yǎn
再也没能忘掉你容颜	zài yě méi néng wàngdiào nǐ róngyán
梦想着偶然	mèngxiǎngzhe ǒurán
能有一天再相见	néng yǒu yì tiān zài xiāng jiàn
从此我开始孤单思念	cóngcǐ wǒ kāishǐ gūdān sīniàn
想你时你在天边	xiǎng nǐ shí nǐ zài tiānbiān
想你时你在眼前	xiǎng nǐ shí nǐ zài yǎnqián
想你时你在脑海	xiǎng nǐ shí nǐ zài nǎohǎi
想你时你在心田	xiǎng nǐ shí nǐ zài xīntián
宁愿相信我们前世有约	nìngyuàn xiāngxìn wǒmen qiánshì yǒu yuē
今生的爱情故事 不会再改变	jīnshēng de àiqíng gùshì bú huì zài gǎibiàn
宁愿用这一生等你发现	nìngyuàn yòng zhè yì shēng děng nǐ fāxiàn
我一直在你身旁 从未走远	wǒ yì zhí zài nǐ shēn páng cóng wèi zǒu yuǎn

梦想中国语　歌曲100

레전드

인파 속에서 그대를 한 눈 더 봤으니

다시는 그대 모습을 잊지 못하네

언제 다시 만날 수 있을 거라 꿈꾸며

나는 쓸쓸한 그리움에 빠졌군

그댈 생각하니 그대는 아득히 먼 하늘 끝에 있고

그댈 생각하니 그대는 눈 앞에 나타나고

그댈 생각하니 그대는 머리에 스치고

그댈 생각하니 그대는 어느새 내 맘 속에 있죠

우린 분명히 전생에 인연이 있었을 거야

금생의 사랑 이야기가 다시 바뀌어지는 않을 거야.

일생으로 그대가 내 맘을 알아 주시는 걸 기다릴게

난 항상 그대 곁에 머물며 멀리 가지 않았어

94. 洋葱 yángcōng

如果你眼神能够为我	Rúguǒ nǐ yǎnshén nénggòu wèi wǒ
片刻地降临	piànkè de jiànglín
如果你能听到	rúguǒ nǐ néng tīng dào
心碎的声音	xīn suì de shēngyīn
沉默地守护着你	chénmò de shǒuhùzhe nǐ
沉默地等奇迹	chénmò de děng qíjī
沉默地让自己 像是空气	chénmò de ràng zìjǐ xiàng shì kōngqì
大家都吃着聊着笑着	dàjiā dōu chīzhe liáozhe xiàozhe
今晚多开心	jīn wǎn duō kāixīn
最角落里的我 笑得多合群	zuì jiǎoluò lǐ de wǒ xiào dé duō héqún
盘底的洋葱像我	pán dǐ de yángcōng xiàng wǒ
永远是调味品	yǒngyuǎn shì tiáowèi pǐn
偷偷地看着你	tōutōu de kànzhe nǐ
偷偷地隐藏着自己	tōutōu de yǐncángzhe zìjǐ
如果你愿意	rúguǒ nǐ yuànyì
一层一层一层地剥开我的心	yì céng yì céng yì céng de bō kāi wǒ de xīn
你会发现 你会讶异	nǐ huì fāxiàn nǐ huì yà yì
你是我最压抑 最深处的秘密	nǐ shì wǒ zuì yāyì zuìshēn chǔ de mìmì

如果你愿意	rúguǒ nǐ yuànyì
一层一层一层地剥开我的心	yì céng yì céng yì céng de bō kāi wǒ de xīn
你会鼻酸　你会流泪	nǐ huì bísuān nǐ huì liúlèi
只要你能听到我	zhǐyào nǐ néng tīng dào wǒ
看到我的全心全意	kàn dào wǒ de quánxīnquányì
听你说你和你的他们	tīng nǐ shuō nǐ hé nǐ de tāmen
暧昧的空气	àimèi de kōngqì
我和我的绝望　装得很风趣	wǒ hé wǒ de juéwàng zhuāng dé hěn fēngqù
我就像一颗洋葱	wǒ jiù xiàng yī kē yángcōng
永远是配角戏	yǒngyuǎn shì pèijiǎo xì
多希望能与你	duō xīwàng néng yǔ nǐ
有一秒专属的剧情	yǒu yì miǎo zhuānshǔ de jùqíng

양파

만약 너의 눈빛이 잠깐만 나를 위해 다가 온다면

만약 니가 내 마음이 찢어지는 소리를 들을 수 있다면

말없이 당신을 지키고 말 없이 기적을 기다릴 거야

공기처럼 침묵하고 있어

모두들 먹고 말하고 웃고 오늘 저녁 얼마나 즐거워

제일 외딴 곳에 있는 나

웃는 것이 그들과 얼마나 잘 어울리는지

접시 밑에 있는 양파는 나 처럼 영원히 조미료이지

몰래 널 바라보고 몰래 자신을 감추고 있어

만약 니가 나의 마음을 한 층 한 층 벗긴다면

너는 발견할 수 있을 거야 의아해 할거야

니가 나의 제일 깊은 속의 비밀이라는 것을

만약 니가 나의 마음을 한 층 한 층 벗긴다면

너는 코가 찡하고 눈물을 흘릴 거야

니가 나의 전심 전의를 들을 수 있고 볼 수 있었다면

너와 그들의 애매한 분위기를 들으면서

나와 나의 절망은 흥미로운 척하지

나는 마치 양파처럼 영원히 조연이야

너와 단 1초만의 낭만이 있기를 얼마나 바라고 있어.

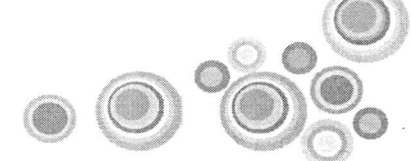

95. 时间都去哪儿了 shíjiān dōu qù nǎ'er la

门前老树长新芽	Mén qián lǎo shù zhǎng xīnyá
院里枯木又开花	yuàn lǐ kūmù yòu kāihuā
半生存了好多话	bàn shēngcúnle hǎoduō huà
藏进了满头白发	cáng jìnle mǎn tóu bái fà
记忆中的小脚丫	jìyì zhōng de xiǎojiǎo yā
肉嘟嘟的小嘴巴	ròu dū dū de xiǎo zuǐbā
一生把爱交给他	yì shēng bǎ ài jiāo gěi tā
只为那一声爸妈	zhǐ wèi nà yì shēng bà mā
时间都去哪儿啦	shíjiān dōu qù nǎ'er la
还没好好感受年轻就老啦	hái méi hǎohǎo gǎnshòu niánqīng jiù lǎo la
生儿养女一辈子	shēng ér yǎngnǚ yí bèizi
满脑子都是孩子哭了笑啦	mǎn nǎozi dōu shì háizi kūle xiào la
时间都去哪儿啦	shíjiān dōu qù nǎ'er la
还没好好看看你眼睛就花啦	hái méi hǎohǎo kàn kàn nǐ yǎnjīng jiù huā la
柴米油盐半辈子	cháimǐyóuyán bànbèizi
转眼就只剩下	zhuǎnyǎn jiù zhǐ shèng xià
满脸的皱纹啦	mǎn liǎn de zhòuwén la

시간은 다 어디로 갔을까

문 앞 늙은 나무에 새 싹이 나고

정원 안 고목은 또 꽃이 피었네

하지 않은 말이 너무 많은데

이미 머리는 하얗게 세었네

기억 속 작은 발

포동포동 하던 작은 입

일생 동안 아빠 엄마 한 마디를 위해

사랑을 주었네

시간은 다 어디로 갔을 까

아직 젊음을 다 누리지도 못했는데 늙어 버렸네

평생 아이를 낳고 키우며

이미 머리는 아이의 눈물과 웃음으로 가득해

시간은 다 어디로 갔을까

당신의 눈을 잘 보지도 못했는데 다 써 버렸네

반 평생 먹고 사느라

얼굴엔 주름만이 가득 남았네

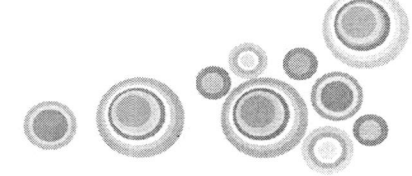

96. 嘀答

Dīdā

滴答滴答滴答滴答	Dīdā dīdā dīdā dīdā
时针它不停在转动	shízhēn tā bù tíng zài zhuǎndòng
滴答滴答滴答滴答	dīdā dīdā dīdā dīdā
小雨她拍打着水花	xiǎoyǔ tā pāidǎzhe shuǐhuā
滴答滴答滴答滴答	dīdā dīdā dīdā dīdā
是不是还会牵挂他	shì bú shì hái huì qiānguà tā
嘀嗒嘀嗒嘀嗒嘀嗒	dídā dídā dídā dídā
有几滴眼泪已落下	yǒu jǐ dī yǎnlèi yǐ luòxià
滴答滴答滴答滴答	dīdā dīdā dīdā dīdā
寂寞的夜和谁说话	jìmò de yè hé shéi shuōhuà
嘀嗒嘀嗒嘀嗒嘀嗒	dídā dídā dídā dídā
伤心的泪儿谁来擦	shāngxīn de lèi er shéi lái cā
滴答滴答滴答滴答	dīdā dīdā dīdā dīdā
整理好心情再出发	zhěnglǐ hǎo xīnqíng zài chūfā
嘀嗒嘀嗒嘀嗒嘀嗒	dídā dídā dídā dídā
还会有人把你牵挂	hái huì yǒurén bǎ nǐ qiānguà

 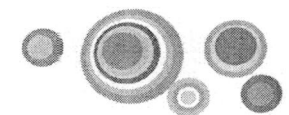

똑똑 떨어지다

시계 바늘은 계속 돌아가고

가랑비는 방울 되어 두드리네

아직도 그를 걱정하는 건 아닌지

눈물이 똑똑 떨어지네

쓸쓸한 밤 누구와 얘기하고

슬픔의 눈물은 누가 닦아 주려나

마음을 정리하고 다시 출발해야 해

여전히 누군가 당신을 걱정할 거야

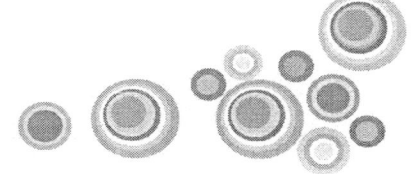

97. 一生有你 yì shēng yǒu nǐ

因为梦见你离开	Yīnwèi mèng jiàn nǐ líkāi
我从哭泣中醒来	wǒ cóng kūqì zhōng xǐng lái
看夜风吹过窗台	kàn yè fēng chuīguò chuāngtái
你能否感受我的爱	nǐ néng fǒu gǎnshòu wǒ de ài
等到老去那一天	děngdào lǎo qù nà yì tiān
你是否还在我身边	nǐ shìfǒu hái zài wǒ shēnbiān
看那些誓言谎言	kàn nàxiē shìyán huǎngyán
随往事慢慢飘散	suí wǎngshì màn man piāosàn
多少人曾爱慕	duōshǎo rén céng àimù
你年轻时的容颜	nǐ niánqīng shí de róngyán
可知谁愿承受	kězhī shéi yuàn chéngshòu
岁月无情的变迁	suìyuè wúqíng de biànqiān
可知一生有你	kězhī yì shēng yǒu nǐ
我都陪在你身边	wǒ dou péi zài nǐ shēnbiān
当所有一切都已看平淡	dāng suǒyǒu yí qiè dōu yǐ kàn píngdàn
是否有一种坚持还留在心间	shìfǒu yǒu yì zhǒng jiānchí hái liú zài xīnjiān

 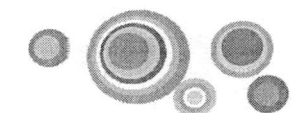

일생에 네가 있다

네가 날 떠나는 걸 꿈에서 봐서 난 흐느껴 울다 깼고

밤바람이 창문 턱에 불어오는 걸 보고 넌 내 사랑을 느낄 수 있니

늙어 가는 그 날까지 네가 내 곁에 여전히 있을 까

저 맹세와 거짓말들이 지난 일들을 따라

천천히 날아 흩어지는 걸 보며

이전엔 수많은 사람이 너의 젊은 시절 얼굴을 좋아했지

하지만 아니, 누가 무정한 세월의 변화를 받아들이길 원할까

일찍이 수많은 사람이 네 인생에 왔고 되돌아갔지

일생에 네가 있다면 난 네 곁에만 있을 거란 내 맘을 아니

모든 것들이 이미 평범하게 보일때

단호함이 여전히 마음에 남아 있을까

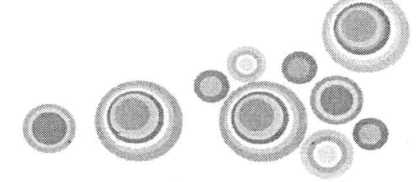

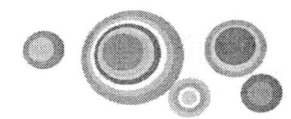

98. My sunshine

我们还没好好翻一翻	Wǒmen hái méi hǎohǎo fān yì fān
那错过的几年	nà cuòguò de jǐ nián
那些迷惘路口	nàxiē míwǎng lùkǒu
有你陪我流泪的夏天	yǒu nǐ péi wǒ liúlèi de xiàtiān
阳光刺眼	yángguāng cìyǎn
有心跳的交响乐	yǒu xīntiào de jiāoxiǎngyuè
想靠近一点	xiǎng kàojìn yìdiǎn
再看清一点昨天	zài kàn qīng yìdiǎn zuótiān
我们曾经尝试	wǒmen céngjīng chángshì
不顾一切肤浅的快乐	búgù yíqiè fūqiǎn de kuàilè
才会一不小心的	cái huì yí bù xiǎoxīn de
让成长偷走了什么	ràng chéngzhǎng tōu zǒule shénme
时光 过客 还来不及去迎合	shíguāng guòkè hái láibují qù yínghé
胸口的微热 总是恨不得	xiōngkǒu de wéi rè zǒng shì hènbudé
把你守护着	bǎ nǐ shǒuhùzhe
没你的世界好好坏坏	méi nǐ de shìjiè hǎohǎo huài huài
只是无味空白	zhǐshì wúwèi kòngbái
答应我 哪天走失了人海	dāyìng wǒ nǎ tiān zǒushīle rén hǎi
一定站在最显眼路牌	yídìng zhàn zài zuì xiǎnyǎn lùpái
等着我 一定会来	děngzhe wǒ yídìng huì lái

You are the pretty sunshine of my life

等着我 不要再离开

怕是青春还没开始

就已划上了句点

怕是我们还没熟络

就已生疏的寒暄

往事浮现 没完的故事绵绵

时间还在变 我们还在变

You are the pretty sunshine of my life

děngzhe wǒ búyào zài líkāi

pà shì qīngchūn hái méi kāishǐ

jiù yǐ huà shàngle jùdiǎn

pà shì wǒmen hái méi shú luò

jiù yǐ shēngshū de hánxuān

wǎngshì fúxiàn méiwán de gùshì miánmián

shíjiān hái zài biàn wǒmen hái zài biàn

My sunshine

우리는 아직 스쳐 지나간 그날들을 제대로 돌아보지 않았어

막연한 갈림길들과 그대가 같이 눈물을 흘려준 여름

눈부신 햇살과 가슴을 두근거리게 하는 교향악

어제에 더 다가가고 싶고 어제를 더 정확히 보고 싶어

과거에 우리는 어떤 것도 아랑곳하지 않고

얄팍한 즐거움들을 맛보았어

한순간의 실수로 성장이 우리한테서 무언가를 훔쳐 가게 했지

세월은 흘러가는데 아직 그대를 만날 준비가 안 됐어

가슴의 미열 같은 것은 늘 그대를 지키고 있어

그대가 없는 세상에선 좋고 나쁜 것 다 있었지만

그냥 재미 없었어. 약속해 줘 사람들 속에 휩쓸려 잃어 버리면

꼭 가장 눈에 띄는 도로 표지 아래 서서

내가 오길 기다리겠다고, 꼭 갈게

You are the pretty sunshine of my life

날 기다려 줘, 다시는 떠나지 마

청춘이 시작되기도 전에 이미 마침표를 찍었을지도 몰라

우리가 미처 친해지기도 전에 이미 낯선 인사를 했을지도 몰라

예전의 일이 떠오르고 끝나지 않은 이야기가 계속돼

시간은 흐르고 있고 우리도 변하고 있어

하지만 부디 나를 믿어 줘

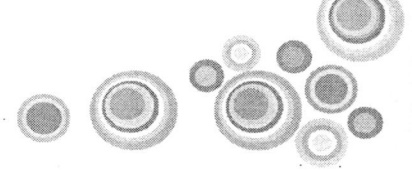

99. high 歌 High ge

mountain top 就跟着一起来

没有什么阻挡着未来

day and night 就你和我的爱

没有什么阻挡着未来

mountain top 就跟着一起来

没有什么阻挡着未来

day and night 就你和我的爱

没有什么阻挡着未来

mountain top 就跟着一起来

没有什么阻挡着未来

day and night 就你和我的爱

没有什么阻挡着未来

yi yi yi 你不在 我不在

yi yi yi 谁还会在

yi yi yi 你不在 我不在

yi yi yi 谁还会在

恩喔嗯额 恩额~~恩恩额

Mountain top jiù gēnzhe yī qǐlái

méiyǒu shé me zǔdǎngzhe wèilái

day and night jiù nǐ hé wǒ de ài

méiyǒu shé me zǔdǎngzhe wèilái

mountain top jiù gēnzhe yī qǐlái

méiyǒu shé me zǔdǎngzhe wèilái

day and night jiù nǐ hé wǒ de ài

méiyǒu shé me zǔdǎngzhe wèilái

mountain top jiù gēnzhe yī qǐlái

méiyǒu shé me zǔdǎngzhe wèilái

day and night jiù nǐ hé wǒ de ài

méiyǒu shé me zǔdǎngzhe wèilái

yi yi yi nǐ bùzài wǒ bùzài

yi yi yi shéi hái huì zài

yi yi yi nǐ bùzài wǒ bùzài

yi yi yi shéi hái huì zài

ēn ō ń é ēn é ~~ēn ēn é

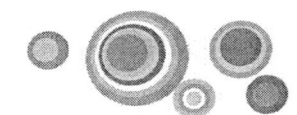

HIGH 가

mountain top, 우리 같이 가자

아무것도 미래를 가로막을 수 없다

day and night, 우리의 사랑

아무것도 미래를 가로막을 수 없다

mountain top, 우리 같이 가자

아무것도 미래를 가로막을 수 없다

day and night, 우리의 사랑

아무것도 미래를 가로막을 수 없다

mountain top 우리 같이 가자

아무것도 미래를 가로막을 수 없다

day and night, 우리의 사랑

아무것도 미래를 가로막을 수 없다

이~ 니도 나도 이 곳에 없으면

이~ 누가 있을 까?

이~ 니도 나도 이곳에 없으면

이~ 누가 있을 까? 아~

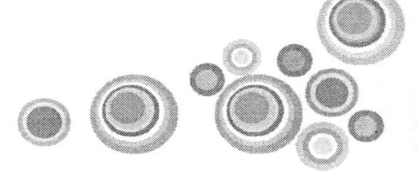

100. 青春 Qīngchūn

在这个夜晚	zài zhège yèwǎn
我突然间长大了	wǒ tūrán jiān zhǎng dàle
真正感到了害怕	zhēnzhèng gǎndàole hàipà
感到正慢慢丢失着青春	gǎndào zhèng màn man diūshīzhāo qīngchūn
都无法追回	dōu wúfǎ zhuī huí
那流走的岁月	nà liú zǒu de suìyuè
这刀一样的时光	zhè dāo yí yàng de shíguāng
它催我老去	tā cuī wǒ lǎo qù
让我变得丑陋	ràng wǒ biàn dé chǒulòu
变得丑陋	biàn dé chǒulòu
幻想依旧伟大	huànxiǎng yījiù wěidà
我已不再是什么英雄	wǒ yǐ bù zài shì shénme yīngxióng
我已成熟的像个老者	wǒ yǐ chéngshú de xiàng gè lǎozhě
与生活完全讲和	yǔ shēnghuó wánquán jiǎng hé
我依旧飘落在空中	wǒ yījiù piāoluò zài kōngzhōng
像一片散落的花瓣	xiàng yí piàn sànluò de huābàn
我还是那样的纯洁	wǒ háishì nàyàng de chúnjié
像一个天真的孩子一样	xiàng yí gè tiānzhēn de háizi yí yàng
在拼死坚持	zài pīnsǐ jiānchí
在拼死坚持	zài pīnsǐ jiānchí

梦想中国语　歌曲100

청 춘

오늘 밤에 나는 갑자기 철이 들었어

온 몸에 두려움을 느꼈어.

내 청춘이 천천히 흘러 가고 있는 것을 느꼈어.

되돌릴 수 없어, 저 지나간 세월들

저 칼과 같은 시간이 나를 늙어 버리게 만들었어.

나를 추하게 만들었어. 추하게.

꿈은 여전히 위대하지.

하지만 나는 더 이상 무슨 영웅이 아니야.

나는 한 늙은이처럼 성숙해졌어.

삶과 완전히 화해해졌어.

하지만 나는 여전히 공중에 흩날리고 있어.

마치 흩어져 있는 꽃잎처럼

하지만 나는 여전히 저렇게 순수해.

마치 하나의 순진한 아이처럼

최선을 다 하고 있어.

최선을 다 하고 있어.

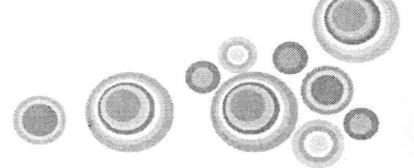